AF267258

LA

CORRESPONDANCE MILITAIRE

DE

NAPOLÉON Iᴇʀ

Paris. — Imprimerie de J. DUMAINE, rue Christine, 2.

LA
CORRESPONDANCE MILITAIRE

DE

NAPOLÉON IER

PAR

E. DESCOUBÈS

CHEF DE BATAILLON AU 125ᵉ DE LIGNE.

———

Extrait du Journal des Sciences militaires

(Numéro de janvier 1878).

———

PARIS

IMPRIMERIE ET LIBRAIRIE MILITAIRES

J. DUMAINE

30, RUE ET PASSAGE DAUPHINE, 30

—

1878

LA CORRESPONDANCE MILITAIRE

DE

NAPOLÉON Ier.

L'étude que l'on va lire a pour sujet la *Correspondance militaire* de Napoléon Ier, extraite de la *Correspondance* générale et publiée par ordre du ministre de la guerre.

Cette *Correspondance militaire* se compose de dix volumes, qui seront analysés successivement un peu plus loin. Voici, auparavant, quelques renseignements généraux utiles à connaître.

Le 7 septembre 1854, un décret impérial institua une commission chargée de recueillir, coordonner et publier la correspondance de Napoléon Ier, relative aux différentes branches d'intérêt public.

Le 20 janvier 1858, la commission adressa à l'Empereur un rapport exposant le plan qu'elle s'était tracé et la marche qu'elle avait suivie dans ses travaux.

« Conformément aux intentions expresses de Votre Majesté, — disait ce rapport, — nous nous sommes scrupuleusement interdit, dans la reproduction des lettres de l'Empereur, toute altération, tout retranchement, toute modification des textes. Quelquefois, pensant aux légitimes douleurs que doit causer un blâme tombé de si-haut, nous avons regretté de ne pouvoir adoucir des jugements rigoureux portés par Napoléon sur plusieurs de ses contemporains ; mais il ne nous appartenait pas de les discuter, encore moins de les expliquer. »

Ce rapport précédait le tome Ier de la *Correspondance*, dont la publication se continua sur le même plan de 1858 à 1864.

Après qu'eut paru le tome XVe, qui conduit le lecteur jusqu'à la paix de Tilsitt, un décret du 3 février 1864 institua, sous la présidence du prince Napoléon, une nouvelle commission chargée de continuer les travaux de la commission de 1854, dont plusieurs membres étaient alors ou décédés ou empêchés de prêter à l'œuvre un concours assidu.

La nouvelle commission, tout en rendant justice à sa devancière, apporta au plan primitif quelques modifications indiquées, — prétendit-elle, — par l'expérience. Ainsi, elle écarta tout ce qui était blessant pour des personnes; elle ne laissa les personnalités que quand les événements eurent justifié les prévisions de Napoléon; souvent encore, dans ce cas, elle supprima les noms propres.

Certes, il est à regretter que le plan primitif n'ait pas été suivi jusqu'au bout; mais, en l'état, la *Correspondance* comprenant vingt-huit volumes de lettres et quatre volumes des *Œuvres de Napoléon à Sainte-Hélène*, n'en forme pas moins « une publication qui, toujours sérieuse et pratique, s'adresse aux peuples comme aux gouvernements, aux militaires et aux hommes d'Etat non moins qu'aux historiens. » (*Rapport de la première commission.*)

Aux militaires surtout. Comme l'a dit Gouvion Saint-Cyr : « Dans ces lettres écrites au moment des événements, et qui n'étaient point destinées à la publicité, on aperçoit la vérité en même temps qu'on se fait une idée du caractère et de la capacité militaire de leurs auteurs. » Et le maréchal ajoute : « C'est dans la correspondance des généraux, si l'on pouvait l'avoir entière, que je voudrais étudier une campagne; je me flatte que je la connaîtrais bien mieux par ce moyen que par leurs bulletins ou par les récits des historiens. »

La *Correspondance* générale comprend 22,067 pièces, dont une grande partie avaient déjà été collectionnées sous Napoléon. Ainsi, le petit-fils du roi Joseph mit à la disposition de la commission un recueil, en quarante-sept volumes, contenant les lettres du général Bonaparte pendant les campagnes d'Italie et d'Egypte jusqu'au moment du Consulat. Ces documents n'étaient point destinés à la publicité; l'Empereur les avait fait réunir pour les avoir auprès de lui comme une sorte de memento rétrospectif de sa propre existence.

Le roi Joseph possédait encore un volume bien autrement précieux. C'était le recueil des lettres particulières et confidentielles écrites à Napoléon par les empereurs Alexandre et François, le roi de Prusse et les autres souverains de l'Europe. Malheureusement pour la postérité, ce recueil a été dispersé. Au moment de quitter la France pour se rendre en Amérique, Joseph, craignant d'être arrêté, crut prudent de remettre le précieux dépôt entre les mains d'un individu sur l'intégrité duquel il croyait pouvoir compter; mais il fut trahi, et les documents passèrent aux mains des ministres anglais et des ambassadeurs étrangers à Londres, qui les payèrent — croit-on — sept cent cinquante mille francs. « J'ai appris d'une source qui mérite confiance, — dit le docteur O'Meara, — que l'ambassadeur russe avait payé dix mille livres sterling pour racheter les lettres de son maître. »

Revenons à la *Correspondance* générale ou plutôt à la *Correspondance* militaire.

Sa répartition en dix volumes laisse au moins à désirer, comme on va en juger par les dates de la première et de la dernière pièce de chacun d'eux, dont voici l'indication :

Tome   Ier. — du 19 janvier   1796 au 24 juillet   1798 ;
  —   IIe. — du 26 juillet   1798 au 9 août   1803 ;
  —   IIIe. — du 21 août   1803 au 27 décembre 1805 ;
  —   IVe. — du 12 janvier   1806 au 14 mai   1807 ;
  —   Ve. — du 17 mai   1807 au 21 décembre 1808 ;
  —   VIe. — du 22 décembre 1808 au 18 octobre   1810 ;
  —   VIIe. — du 27 octobre   1810 au 21 février   1812 ;
  —   VIIIe. — du 22 février   1812 au 23 août   1813 ;
  —   IXe. — du 25 août   1813 au 24 mai   1815 ;
  —   Xe. — du 25 mai   1815 au 21 juin   1815.

Ainsi, la campagne d'Egypte est à cheval sur les tomes Ier et IIe; de même, la campagne de 1807, sur les tomes IVe et Ve; la campagne de 1813, sur les tomes VIIIe et IXe, et les Cent Jours, sur les tomes IXe et Xe. Il eût infiniment mieux valu affecter à chaque tome ou un nombre exact d'années, ou une grande période de la vie de l'Empereur, sauf à augmenter ou à diminuer, suivant les besoins, le nombre de pages, ce qu'on a fait, du reste, pour les tomes VIIIe et IXe, par exemple, dont l'écart est de 92 pages.

Nous ne nous arrêterons pas davantage sur cette défectuosité de la publication, à l'analyse de laquelle nous allons passer.

I

Le tome Ier comprend les campagnes d'Italie de 1796-1797 et les premiers mois de la campagne d'Egypte.

On regrette de ne pas y trouver la fameuse proclamation du 26 mars, par laquelle le jeune général de vingt-six ans s'empara, dès le début, de l'esprit de ses troupes. Ce fut une courte improvisation, comme il convenait à la circonstance, et non pas la harangue officielle que tout le monde connaît.

Voici les deux textes :

<table>
<tr><td>

Proclamation authentique.

« Soldats! votre patience à supporter toutes les privations, votre bravoure à affronter tous les dangers, excitent l'admiration de la France : elle a les yeux tournés sur vos misères! Vous n'avez ni souliers, ni habits, ni chemises, presque pas de pain; et nos magasins sont vides; ceux de l'ennemi regorgent de tout : c'est à nous de les conquérir! Vous le pouvez, vous le voulez; partons! »

</td><td>

Proclamation corrigée.

« Soldats! vous êtes nus, mal nourris; le gouvernement vous doit beaucoup, il ne peut rien vous donner. Votre patience, le courage que vous montrez au milieu de ces rochers, sont admirables, mais ils ne vous procurent aucune gloire; aucun éclat ne rejaillit sur vous. Je veux vous conduire dans les plus fertiles plaines du monde. De riches provinces, de grandes villes seront en votre pouvoir; vous y trouverez honneur, gloire et richesses. Soldats d'Italie, manqueriez-vous de courage ou de constance? »

</td></tr>
</table>

Bonaparte n'avait ni le goût ni l'habitude des harangues. A Sainte-Hélène, répondant au général Rogniat, qui veut que le général excite les passions des troupes par ses harangues au moment du combat, il dit : « La discipline lie les troupes à leurs drapeaux; ce ne sont pas des harangues, au milieu du feu, qui les rendent braves : les vieux soldats les écoutent à peine, les jeunes les oublient au premier coup de canon. Il n'est pas une seule harangue de Tite-Live qui ait été tenue par un général d'armée, car il n'en est pas une qui ait le trait de l'impromptu. Le geste d'un général aimé, estimé de ses troupes, vaut autant que la plus belle harangue. » En fait, ses véritables proclamations à l'armée d'Italie étaient moins des harangues que des paroles tantôt brèves et brusques, tantôt figurées, mais jaillissant toujours vives et fortes d'une taciturnité habituelle, et, par suite, saisissant et exaltant davantage les troupes.

Mais M. Michelet, qui ne connaissait que les textes officiels, n'a pas laissé échapper l'occasion, dans son *Histoire du dix-neuvième siècle*, d'égratigner un peu, à ce sujet, la mémoire du héros. « Champagny, — dit-il, — bon élève du collége Louis-le-Grand, lui faisait ces discours de rhétorique. M. de Talleyrand l'a assuré à M. Villemain, qui me l'a redit. »

Le rapprochement des deux textes ci-dessus montre quelle est la valeur de l'assertion de M. de Talleyrand. Nous ne savons si l'évêque d'Autun composait lui-même ses sermons, mais, quant à ses rapports et discours à l'Assemblée constituante, on soupçonne qu'ils étaient l'ouvrage de l'abbé Bourlier, depuis évêque d'Évreux; après la mort de l'abbé Bourlier, Talleyrand eut recours à l'abbé Desrenaudes. « C'est avec ce dernier qu'il a fait ses rapports, ses discours, ses compositions diplomatiques et jusqu'à de simples lettres. » (Amédée Pichot.)

Le plus incroyable, c'est que la phrase : « De riches provinces, de grandes villes seront en votre pouvoir ; vous y trouverez honneur, gloire et richesses, » — qui n'a jamais été adressée aux troupes, — a été reprochée à Bonaparte, par toute la séquelle des pamphlétaires, comme excitant les appétits et les mauvais instincts. Or, les troupes étaient dans le plus grand dénûment, et la France hors d'état de fournir à leurs besoins. La Révolution ayant tout dévoré, l'Etat n'avait plus ni revenus ni trésor. Le Directoire ne put trouver deux cent mille francs qu'il lui fallait pour passer le Rhin. Il ne lui restait donc d'autre moyen d'entretenir et de payer ses soldats que de les jeter sur les terres de l'ennemi. « Tous les plans de cette époque furent subordonnés à la nécessité de *nourrir la guerre par la guerre* ; et ce fut la base de toutes les instructions données aux généraux. Bonaparte le comprit fort bien, comme on le voit par la première harangue qu'il adressa à ses troupes. » (MICHAUD.)

La publication de la Correspondance aura eu pour résultat de corroborer un grand nombre d'assertions des Mémoires de Sainte-Hélène, sur des faits dont les écrivains hostiles à Napoléon contestaient l'authenticité. Pour n'en citer qu'un exemple, Michaud, dans sa *Vie publique et privée de Napoléon Bonaparte*, révoque en doute la capture de 4,000 Autrichiens, faite entre les journées de Lonato et de Castiglione, et la met sur le compte de l'imagination d'apologistes sans mesure, voulant encore ajouter au merveilleux du récit de la campagne des Cinq Jours. « Quand on a voulu examiner les choses d'un peu près, — dit-il, — on a vu qu'aucun corps autrichien n'avait été fait prisonnier ce jour-là, et qu'aucune troupe de cette importance n'avait capitulé de cette manière. »

Or, la pièce 94 du tome Iᵉʳ de la *Correspondance militaire* (Rapport au Directoire sur la campagne des Cinq Jours) raconte tout au long la susdite capture, qu'il dit avoir eu lieu le 17 thermidor an IV (4 août 1796). En outre, dans la *Correspondance* générale on trouve, tome Iᵉʳ, pièce 832, une lettre de Bonaparte au gouverneur de Brescia, écrite à cette même date, annonçant, pour le soir même, l'arrivée à Brescia de ces 4,000 prisonniers, et demandant qu'on leur fabrique des rations de pain.

Nous venons de parler du rapport sur la campagne des Cinq Jours (Lonato, Castiglione). Bonaparte y explique ainsi son plan :

« L'ennemi, en descendant du Tyrol par Brescia et l'Adige, me mettait au milieu ; si mon armée était trop faible pour faire face aux divisions de l'ennemi, elle pouvait battre chacune d'elles séparément, et par ma position je me trouvais entre elles ; il m'était donc possible, en rétrogradant rapidement, d'envelopper la division ennemie descendue à Brescia, la prendre prisonnière ou la battre complétement, et, de là, revenir sur le Mincio attaquer Wurmser et l'obliger à repasser dans le Tyrol. Mais, pour exécuter ce projet, il fallait, dans vingt-quatre heures, lever le siége de Mantoue, qui était sur le point d'être pris, *il fallait abandonner les quarante pièces de canon qui étaient en batterie*, car il n'y avait pas moyen de retarder de six heures ; il fallait, pour l'exécution de ce projet, repasser sur-le-champ le Mincio et ne pas donner le temps aux deux divisions ennemies de se rapprocher. La fortune a souri à ce projet, et le combat de Desenzano, les deux combats de Salo, la bataille de Lonato, celle de Castiglione, en sont les résultats. »

Voici l'opinion de Gouvion Saint-Cyr au sujet de l'abandon, non pas des quarante pièces de canon, comme le dit simplement Bonaparte, mais du parc de siége dont les canons ne sont que la plus faible partie, puisque le parc se compose, en outre, de plates-formes, d'affûts de rechange, de munitions et de voitures de toute espèce :

« Je pense que des observations sur un fait aussi important ne seront pas déplacées ici ; elles tendent à relever une erreur causée par une admiration irréfléchie pour un homme supérieur. On a voulu faire passer l'abandon d'un parc de siége devant Mantoue pour un de ces traits de génie si nombreux dans sa carrière militaire ; cependant un général en chef a toujours les moyens de connaître l'approche d'une armée qui se dirige sur lui ; elle ne vient pas à vol d'oiseau ni avec la rapidité d'un ouragan. Celle de Wurmser a mis six semaines pour arriver des bords du Rhin à Trente. Toute l'Europe a connu son départ et calculé à l'avance l'époque précise où elle pouvait déboucher en Italie ; le Directoire, qui en a été informé aussitôt, n'a pas manqué d'en prévenir Bonaparte ; enfin, il est impossible de douter qu'il n'ait connu ce grand mouvement longtemps avant qu'il fût achevé ; on ne saurait s'expliquer le motif pour lequel il n'a pas éloigné son parc de siége, ayant si bien le temps nécessaire..... Puisqu'il eût été facile de le conserver au moyen du temps que l'on avait eu pour l'évacuer, avant l'arrivée de Wurmser, on ne peut s'empêcher de reconnaître que c'était une faute de ne l'avoir pas fait. Il en résulte que l'armée d'Italie fut obligée de ne pas s'éloigner de Mantoue pendant le reste de l'été, tout l'automne et une partie de l'hiver. L'ennemi eut le temps de faire d'autres tentatives pour délivrer cette place ; ce qui amena plusieurs batailles sanglantes où l'armée française s'acquit une nouvelle gloire, mais où elle éprouva de grandes pertes, qui, jointes à celles occasionnées par les exhalaisons pestilentielles des marais de Mantoue, la réduisirent tellement, qu'on dut affaiblir les armées d'Allemagne pour la renforcer et la mettre en état de continuer la guerre. »

Le rapport au Directoire est suivi — pièce 95 — de notes sur les généraux de l'armée d'Italie : Berthier, Augereau, Masséna, Sérurier, Despinoy, Sauret, etc. « Il en est fort peu qui peuvent me servir, » dit Bonaparte. Ces notes sont en deux ou trois lignes. Pour plus amples renseignements sur les quatre premiers généraux, on peut se reporter au tome XXIXᵉ de la *Correspondance* générale, le premier des *Œuvres de Napoléon Iᵉʳ à Sainte-Hélène*.

Nous parlerons plus loin de Berthier, lorsque nous serons arrivé au tome VIᵉ de la *Correspondance militaire*. Quant à Augereau et à Masséna, voici un détail typique sur leur première entrevue avec Bonaparte. Augereau, notamment, s'était répandu en propos inconsidérés sur le nouveau général en chef, allant même jusqu'à fomenter l'insubordination parmi les troupes. Lorsqu'ils se présentèrent au quartier général, Bonaparte commença par les faire attendre ; puis il parut, ceignit son épée, se couvrit et les accueillit d'une manière si hautaine et si décidée, qu'Augereau en demeura abasourdi. En sortant, et ayant retrouvé la parole, non sans peine, il avoua, avec un juron, à Masséna, que le petit général lui avait fait peur, et qu'il ne pouvait comprendre l'ascendant dont il s'était senti écrasé au premier coup d'œil.

Cet ascendant que Bonaparte prit sur les généraux de l'armée d'Italie ne tarda pas à s'exercer sur le Directoire lui-même, comme le montre la pièce 39 (Observations contre la division du commandement entre deux généraux en chef).

« Il avait, — a-t-il dit, à Sainte - Hélène, — des idées fixes sur le degré d'obéissance qu'il devait à son gouvernement sous le rapport des opérations militaires ; il ne se croyait obligé à exécuter ses ordres qu'autant qu'il les jugeait raisonnables et que le succès lui paraissait probable. Il aurait cru commettre un crime s'il se fût chargé de l'exécution d'un plan vicieux, et dans ce cas il se regardait comme contraint à offrir sa démission. C'est ce qu'il avait fait en 1796, lorsque le Directoire avait voulu envoyer une partie de son armée dans le royaume de Naples. »

On voit percer, sans déguisement, dans la correspondance échangée à ce sujet, cet esprit de domination qui devait subjuguer le monde. Bonaparte adresse des remontrances au Directoire, comme pourrait le faire un supérieur à un inférieur, avec lequel il se contente de garder quelque ménagement de forme ; et les Directeurs, n'osant ni accepter ni refuser sa démission, lui répondent humblement : « Vous paraissez désireux, citoyen général, de continuer à conduire toute la suite des opérations militaires de la campagne actuelle d'Italie ; le Directoire a mûrement réfléchi sur cette proposition, et la confiance qu'il a dans vos talents et votre zèle républicain a décidé cette question en faveur de l'affirmative. Le général Kellermann restera à Chambéry. »

Même comédie à la fin de la campagne, pièce 205 (Mauvaise tournure des conférences. — Instances pour entrer dans la vie privée). On lit dans ce document : « Ma santé est entièrement délabrée, et la santé est indispensable et ne peut être suppléée par rien à la guerre..... Je puis à peine monter à cheval ; j'ai besoin de deux ans de repos. »

« Il ne craignait pas d'être pris au mot, — dit le général de Ségur, dans ses *Mémoires* ; — il savait bien que, plus que jamais, son remplacement était impossible. Mais, réellement, sa passion pour le travail, la contention perpétuelle de son esprit sur tant de sujets divers, et peut-être les suites de sa maladie cutanée de Toulon, mal guérie, agissaient sur sa forte organisation nerveuse. Déjà même il éprouvait les premières atteintes de cette dysurie qui devait, seize ans plus tard, ralentir parfois son activité et lui inspirer de sérieuses inquiétudes. Yvan, son chirurgien jusqu'en 1814, m'a dit et même écrit de sa main que, en 1796 et 1797, il n'avait pu maintes fois hâter la fin de ces crises qu'en le plongeant, à défaut de baignoire, dans le premier tonneau rempli d'eau qu'il pouvait se procurer. »

On trouve déjà dans le tome Ier de la *Correspondance militaire* un certain nombre de préceptes qui pourraient être réunis en corps de doctrine, comme donnant l'expression des idées de Napoléon sur les choses militaires. Un travail analogue fait sur la correspondance et les mémoires des généraux formerait un recueil qui défierait toute comparaison avec le meilleur des traités sur l'art de la guerre.

Le cadre de ce travail ne permet même pas d'appliquer cette idée à la *Correspondance militaire de Napoléon*. Néanmoins, nous citerons, à la fin de chaque paragraphe, les préceptes les plus saillants que nous rencontrerons dans les dix volumes.

Ainsi, dans la pièce 184, Apologie des actes de l'armée d'Italie, on trouve celui-ci : « *L'art de la guerre consiste, avec une armée inférieure, à avoir toujours plus de forces que son ennemi sur le point que l'on attaque ou sur le point qui est attaqué ; mais cet art ne s'apprend ni dans les livres ni par l'habitude ; c'est un tact de conduite qui, proprement, constitue le génie de la guerre.* »

On peut rapprocher de cette espèce d'axiome ce que Bonaparte dit un jour aux généraux autrichiens, lorsqu'il traitait de la paix de Leoben : « Il y a en Europe beaucoup de bons généraux, mais ils voient trop de choses à la fois ; moi, je n'en vois qu'une, ce sont les masses ; je tâche de les détruire, bien sûr que les accessoires tomberont ensuite d'eux-mêmes. »

II

Le tome IIe embrasse cinq années de la vie de Napoléon, de juillet 1798 au mois d'août 1803 ; ce qui fait sauter aux yeux le manque de proportions de l'ouvrage.

Au commencement, nous sommes en Egypte. De son propre aveu, Bonaparte s'était déterminé à partir pour ce pays, parce qu'il ne se sentait pas encore assez fort pour marcher tout seul, et que cette expédition lointaine, en frappant l'imagination populaire, était de nature à accroître le prestige que lui avait déjà donné la campagne d'Italie.

On a donc très-injustement accusé le Directoire d'avoir voulu se débarrasser de lui en l'envoyant en Egypte. Les Directeurs étaient au contraire opposés à ce projet ; ils en craignaient les conséquences, car l'éloignement d'une partie de l'armée et de son meilleur général ne leur paraissait pas d'une excellente politique dans l'état où était l'Europe.

Ayant hâte d'arriver au Consulat, nous ne citerons que deux documents du tome IIe relatifs à cette campagne.

L'un — pièce 345 — est une lettre de reproches écrite au général Desaix, au sujet de l'inexécution d'un mouvement ordonné sur le Caire. La voici en entier :

« J'ai été peu satisfait, citoyen général, de toutes vos opérations pendant le mouvement qui vient d'avoir lieu. Vous avez reçu l'ordre de vous porter au Caire et vous n'en avez rien fait. Tous les événements qui peuvent survenir ne doivent jamais empêcher un militaire d'obéir, et le talent, à la guerre, consiste à lever les difficultés qui peuvent rendre difficile une opération, et non pas à la faire manquer. Je vous dis ceci pour l'avenir. »

L'autre document — pièce 347 — est l'instruction donnée au général Kleber en lui laissant le commandement de l'armée d'Egypte. On y trouve cette phrase : « L'intérêt de la patrie, sa gloire, l'obéissance, les événements extraordinaires qui viennent de s'y passer, me décident seuls à passer au milieu des escadres ennemies pour me rendre en Europe. »

Ici se présente une série de questions.

1° Bonaparte avait-il le droit de quitter l'Egypte ? — Oui ; comme le prouve une lettre du Directoire, en date du 7 prairial an VII (26 mai 1799), lettre très-importante, qu'on peut à juste titre considérer comme son rappel, et qui semble n'avoir pas été connue de la plupart des historiens. Le propos de Sieyès, — traitant Bonaparte de *petit insolent*, et s'indignant « qu'il osât méconnaître, en lui, le membre d'un gouvernement qui eût dû le faire fusiller pour avoir abandonné son armée sans ordre, » — ne peut être attribué qu'à un moment d'humeur.

2° Pourquoi Bonaparte quitta-t-il l'Egypte ? — Pour venir jouer son rôle dans la machination ourdie par les Talleyrand, les Sieyès, les Rœderer, les Cambacérès, les Regnaud, etc., lesquels avaient dès longtemps formé une conspiration pour détruire la Constitution de l'an III et faire faire à la République une nouvelle évolution vers la monarchie. Ce parti, sentant la nécessité de s'appuyer sur un chef militaire qui ralliât l'armée, avait d'abord songé à Moreau, qui ne montra qu'incertitudes; puis à Joubert, qui, peu après, fut tué à la bataille de Novi; enfin, à Bonaparte. Talleyrand lui fit parvenir, par des maisons de commerce, les premières dépêches qui l'informaient de la situation où se trouvait la France et de la gloire qui lui était réservée d'y porter remède.

3° Bonaparte avait-il des dangers à courir de la part de l'escadre anglaise ? — Non ; car il semble démontré aujourd'hui que, la veille de son départ, Bonaparte donna un grand dîner au commodore Smith, à la suite duquel il obtint la permission d'expédier en France trois bâtiments; — que Smith s'éloigna de la côte, sous prétexte d'aller faire de l'eau douce à Chypre; — qu'il n'eût pas agi de la sorte, sans être sûr d'être approuvé de son gouvernement; — que les Anglais s'imaginaient, d'après les propos des royalistes, que Bonaparte revenait pour rétablir les Bourbons.

Toutefois, Bonaparte ne quitta pas l'Egypte sans quelque remords. Par une lettre du 19 août 1799, il avait ordonné à Kleber, qui était à Damiette, de se trouver le 24 à Rosette, où il avait à conférer avec lui sur des affaires extrêmement importantes. Kleber fut exact au rendez-vous, « mais l'oiseau était déniché. » Bonaparte avait, en effet, quitté l'Egypte le 23, pour éviter, avec le commandant de Damiette, des explications très-probablement désagréables.

Le premier acte du gouvernement, après le 18 Brumaire, fut l'organisation du ministère, en commençant par le ministère de la guerre, qui fut confié à Berthier. Dubois-Crancé, l'ancien ministre, laissa à débrouiller un véritable chaos. Il ne put fournir un seul état de situation de l'armée. « On lui disait,— suivant Napoléon : — Vous payez l'armée, vous pouvez du moins nous montrer les états de la solde? — Nous ne la payons pas. — Vous nourrissez l'armée, donnez-nous les états du bureau des vivres ?— Nous ne la nourrissons pas. — Vous habillez l'armée, donnez-nous les états du bureau de l'habillement? — Nous ne l'habillons pas. » Effectivement, à l'intérieur, l'armée était payée au moyen de violations de caisse, nourrie et habillée au moyen de réquisitions.

L'organisation de l'armée du Rhin et de l'armée de Réserve fut précédée d'un arrêté des Consuls défendant aux journaux de publier les nouvelles relatives aux mouvements des armées, — pièce 363. Si semblable mesure avait été prise en 1870, bien des malheurs auraient été évités, que nous n'avons pas besoin de rappeler.

Du reste, la campagne de l'armée de Réserve fut préparée avec un art infini. Les mesures pour dissimuler la concentration de l'armée et de ses magasins sont assez connues, mais celles qui furent prises pour dissimuler le départ du Premier Consul le sont moins, et nous ne croyons pas hors de propos de les faire connaître. Une circulaire aux préfets annonça son départ de Paris et son retour dans quinze jours. Quand il lui fallut paraître à Genève, il feignit d'en visiter les environs comme pour s'y choisir un établissement frais et commode, afin d'y passer l'été. Puis il renouvela l'annonce de son retour dans la capitale, motivé par une insurrection dont il accrédita la fausse nouvelle. Toutes ces ruses obtinrent un plein succès. Le 6 juin, Murat s'étant emparé de Plaisance, intercepta une dépêche du ministère de Vienne à Mélas. On lui mandait que la prétendue armée de Réserve de Bonaparte n'existait pas, et que des mouvements qui avaient eu lieu à Paris avaient obligé le Premier Consul à retourner promptement de Genève à cette capitale.

La campagne terminée, Bonaparte donna tous ses soins à l'organisation de l'armée à l'intérieur.

Le projet d'arrêté, relatif aux officiers et soldats réformés, du 26 octobre 1800, — pièce 408, — mériterait, même aujourd'hui, d'être pris en sérieuse considération.

« Je prie le ministre de la guerre de me présenter un projet d'arrêté remplissant le but suivant : — Le ministre de la guerre fera faire un contrôle nominatif, par département, de tous les individus admis à la retraite ou au traitement de réforme, et qui ont servi. — Pareil état se trouverait à la division militaire pour les individus de la division. — Pareil état se trouverait, par département, chez le commandant du département, et par arrondissement, chez le sous-préfet. — Chaque officier réformé sera tenu d'avoir toujours chez lui son sabre et un fusil de munition, une giberne et trente cartouches. — Toutes les fois que le préfet du département, ou le sous-préfet, croirait avoir besoin d'un certain nombre de ces officiers pour prêter main-forte à l'autorité publique, il leur ferait une réquisition de se rendre, à un jour fixe, à un endroit désigné, où ils seraient sous les ordres, soit du commandant du département, soit d'un officier délégué par le général commandant la division, pour, de concert avec la gendarmerie, prêter main-forte à l'autorité publique. — Etendre cette formalité aux soldats qui jouissent de leur traitement. — Au moins une fois tous les trois mois, ils seraient tous réunis par le commandant du département, et passés en revue par un inspecteur, qui constatera qu'ils ont leurs fusils et qu'ils sont prêts à prêter main-forte à la loi lorsqu'il en serait besoin. »

Quelque temps après, Lacuée ayant proposé des mesures pour contraindre à rejoindre plusieurs officiers qui, sous divers prétextes, refusaient de se rendre aux armées, Bonaparte répond,—pièce 414:
— « Renvoyé au citoyen Lacuée. *C'est moins de règlements nouveaux que nous avons besoin sur ces objets, que de tenir la main à l'exécution de ceux qui existent.* » Principe peut-être plus vrai en l'an de grâce 1878, qu'en 1801.

On trouve également, dans le tome IIe de la *Correspondance militaire,* — pièce 438, — l'ordre du jour sur le suicide d'un grenadier de la garde du Premier Consul :

« Il y a autant de vrai courage à souffrir avec constance les peines de l'âme qu'à rester fixe sous la mitraille d'une batterie. »

Le colonel Campbell, le commissaire anglais qui accompagna Napoléon à l'île d'Elbe, dit qu'à Fontainebleau, Napoléon ayant demandé à un de ses fidèles serviteurs ce qu'il ferait à sa place, celui-ci répondit : « Je me ferais sauter la cervelle. » — « Oui, avait répliqué l'Empereur, après un moment de réflexion, je pourrais faire cela ; mais ceux qui me veulent du bien n'en profiteraient pas et cela ferait trop de plaisir à ceux qui me veulent du mal. » On peut donc se demander encore si, réellement, Napoléon a voulu s'empoisonner à Fontainebleau, ou simplement se procurer par un narcotique à trop forte dose quelques heures de sommeil.

La pièce suivante — 439 — est le projet de loi portant création d'une légion d'honneur.

Dans un pays qui rêvait encore l'égalité républicaine, fonder un ordre de chevalerie avec des distinctions personnelles était peut-être la tentative contre-révolutionnaire la plus hardie de Bonaparte. Une résistance assez vive se manifesta dans les corps politiques, où les votes se partagèrent, aussi bien que dans le public et même dans l'armée. « C'est avec des hochets que l'on mène les hommes, — disait Bonaparte au Conseil d'État. — Je ne dirais pas cela à une tribune ; mais dans un conseil de sages et d'hommes d'État, on doit tout dire. » Lamartine a relevé sévèrement le propos : « Les complaisances pour les puérilités des hommes ne sont pas du génie ; elles sont une corruption officielle et elles perpétuent son enfance. » M. Mignet remarque que « l'opinion montra pour ce nouvel ordre de chevalerie une répugnance encore plus marquée : ceux qu'on en investit d'abord en furent presque honteux, et le reçurent avec une sorte de dérision. » L'opposition fut si vive, qu'après l'avoir vaincue

Bonaparte crut devoir ajourner l'institution de l'ordre, qui n'eut lieu, comme on sait, — qu'après son avénement à l'empire.

Du reste, Bonaparte chercha dans l'institution un contre-poids à ce qu'il venait de faire peu auparavant pour le clergé et pour les émigrés, en promulguant le concordat et la loi d'amnistie. Il imposa aux légionnaires le serment de défendre la République et son territoire, l'égalité et l'inviolabilité des biens nationaux.

Aux termes de la loi, la légion devait comprendre quinze cohortes, composées chacune de 7 grands-officiers, 20 commandants, 30 officiers et 350 légionnaires. Il était affecté à chaque cohorte des biens nationaux portant 200,000 francs de rente; ensemble, 3 millions de francs de rente. Sur cette somme, un traitement était alloué à chaque membre de la légion, traitement dont la quotité était de 5,000 francs pour les grands officiers, — 2,000 francs pour les commandants, — 1,000 francs pour les officiers, — et 250 francs pour les légionnaires.

Le total de ces traitements s'élevant à la somme de 2,487,500 fr., il restait 513,000 francs pour les frais d'administration et autres de la légion.

Il ne saurait entrer dans le cadre de cette étude de raconter, même succinctement, par quelles vicissitudes est passée la Légion d'honneur, depuis 1802 jusqu'à nos jours. Son maintien sous tous les régimes prouve qu'elle est entrée dans nos mœurs, et que si elle doit être un jour réformée ou modifiée, il serait difficile de l'abolir.

Il résulte des chiffres mentionnés plus haut que le cadre organique de la légion comprenait 6,105 membres, savoir : 105 grands-officiers, — 300 commandants, — 450 officiers — et 5,250 légionnaires.

Aujourd'hui la légion comprend 59,273 membres, sans qu'on puisse dire que la population de la France et de ses colonies soit supérieure à celle de la République française en 1802, lorsque toute la rive gauche du Rhin en faisait partie.

Ces 59,273 membres se décomposent comme il suit :

	Civils.	Militaires.	Total.
Grands-croix	27	43	70
Grands-officiers	88	176	264
Commandeurs	398	925	1,323
Officiers	1,832	4,642	6,474
Chevaliers	21,625	29,517	51,142

C'est-à-dire qu'il y a plus d'officiers de la Légion d'honneur, qu'il ne devait y avoir à l'origine de simples légionnaires.

E. D.   2

La loi du 25 juillet 1873 a bien stipulé qu'il ne serait fait à l'avenir qu'une nomination de chevalier sur deux extinctions, jusqu'à ce qu'une loi en ait ordonné autrement; mais le nombre des extinctions n'étant réellement que de 1,000 par an (2,001 en 1876, partant 1,000 nouvelles nominations), il en résulte qu'il faudra attendre quarante-six ans avant d'en être revenu au chiffre jugé suffisant par Bonaparte.

En l'état, le total des militaires est de 35,303 et celui des civils de 23,970.

Le traitement des militaires absorbe onze millions de francs par an. Une simple règle de proportion montre que le traitement des civils, *traitement qu'il est contraire à l'esprit de l'institution de ne pas leur accorder*, absorberait sept millions et demi de francs.

Peut-on grever encore le budget de cette somme? — Il est difficile de le penser. En vertu du principe d'égalité qui est un des fondements de notre régime politique actuel, nous faisons, au contraire, des vœux pour que le traitement des membres militaires de l'ordre soit supprimé et appliqué à un autre objet, par exemple, — comme nous l'avons déjà demandé ailleurs, — à l'amélioration des pensions de retraite.

III

Les préparatifs de l'expédition d'Angleterre et la campagne de 1805 forment le sujet du tome IIIe.

Le projet de descente en Angleterre était-il sérieusement arrêté dans l'esprit de Napoléon? — Quelques écrivains ne l'admettent pas. Ils pensent que ce projet n'était qu'une feinte pour masquer des plans de conquête sur le continent, ne pouvant croire, quand nos ports étaient bloqués par les escadres anglaises, que Napoléon risquât sérieusement toutes nos forces disponibles dans une entreprise aussi aventureuse, et laissât la France exposée infailliblement aux coups des puissances européennes, pendant que la flotte anglaise cernerait son armée.

Gouvion Saint-Cyr dit expressément : « Les difficultés d'une descente en Angleterre étaient telles, que lorsque Bonaparte fut arrivé au pouvoir suprême, et qu'à ce titre il disposait de toutes les forces de la France et d'une partie de celles de l'Europe, après avoir dépensé des centaines de millions en préparatifs, il recula devant elles sous le motif apparent d'une guerre avec l'Autriche, *qu'il avait fait naître* pour avoir un prétexte de quitter les côtes, sans proclamer que tant de millions avaient été prodigués en pure perte. »

A l'île d'Elbe, le colonel Campbell, dans un de ses entretiens avec Napoléon, lui dit : « Bien des personnes prétendent que vous n'avez jamais eu l'idée d'une invasion en Angleterre, et que le semblant que vous en fîtes n'avait d'autre but que d'intimider nos ministres, d'ébranler notre crédit, de masquer ainsi d'autres projets, et que, convaincu qu'une invasion était impraticable, vous fûtes très-heureux d'avoir une excuse pour marcher contre les Autrichiens. » — « Je le nie, — dit Napoléon; — j'étais certainement résolu à exécuter mes plans, et je n'en fus détourné que par les Autrichiens. »

La *Correspondance* fournit ici à la critique un commentaire explicatif. Pendant tout le mois d'août de l'année 1805, Napoléon resta au camp de Boulogne, attendant avec impatience l'amiral Villeneuve d'Espagne et l'amiral Gantheaume de Brest, avec leurs escadres respectives. La présence des deux amiraux dans la Manche, avec les flottes combinées de France et d'Espagne, aurait suffi, selon l'Empereur, pour protéger le passage et le débarquement de l'armée d'invasion. Mais, pendant que Napoléon l'attendait à Boulogne, Villeneuve, au lieu de rejoindre Gantheaume à Brest et de faire voile de là avec lui pour la Manche, était allé à Cadix, d'où il ne sortit que pour rencontrer Nelson à Trafalgar. Dans la *Correspondance* de l'Empereur, on trouve douze lettres écrites à la date du 22 août 1805, dont six adressées à Decrès, ministre de la marine. Une septième lettre est adressée à Gantheaume et une huitième à Villeneuve.

A Gantheaume, ordre est donné de venir dans la Manche aussitôt que possible avec Villeneuve et leurs flottes combinées : « Partez et venez ici. Nous allons venger dix siècles d'insultes et de honte. Jamais pour un plus grand objet mes soldats de terre et de mer n'auront exposé leur vie. »

A Villeneuve : « Monsieur le vice-amiral Villeneuve, j'espère que vous êtes arrivé à Brest. Partez, ne perdez pas un moment, et, avec nos escadres réunies, entrez dans la Manche. L'Angleterre est à nous. Nous sommes tout prêts; tout est embarqué. Paraissez vingt-quatre heures et tout est terminé. »

Nous ajouterons, — opposant Marmont à Gouvion Saint-Cyr : — Non-seulement Marmont affirme que l'expédition contre l'Angleterre a été un des désirs de l'Empereur, mais, ce qui vaut mieux, il le prouve par la production de quatre lettres placées à la correspondance qui suit le livre VIIe de ses *Mémoires*. Ces documents ne peuvent plus laisser de doute à cet égard.

D'ailleurs, lorsque Napoléon faisait ses préparatifs, il prévoyait bien que, s'il n'exécutait pas son projet, il risquait d'avoir fait de la nation anglaise une puissance militaire en même temps que maritime, par la surexcitation de l'esprit national. L'événement justifia sa prévision, car de la levée des milices date l'impulsion qui procura à l'Angleterre les éléments de l'armée de terre que, quelques années après, l'Empereur eut à combattre en Espagne et finalement à Waterloo.

Jomini a résumé le débat avec beaucoup de sens, et peut-être n'aura-t-on jamais le dernier mot de cette affaire, car il est difficile de sortir du dilemme posé par le grand écrivain :

« Napoléon a dicté à Sainte-Hélène tous ses points de vue sur la descente. Il a tracé à Villeneuve des instructions qui paraissent ne laisser aucun doute sur la réalité de son projet. Beaucoup de gens n'y ont jamais cru. Ce qui est certain, c'est que la conduite de Napoléon en Italie semblait faite pour provoquer la guerre continentale, et autorise à croire qu'il aimait mieux chercher des lauriers en Autriche qu'en Angleterre. Mais, s'il a voulu la guerre continentale, comment expliquer l'idée de compromettre, sans but, toutes les forces navales de la France et de l'Espagne, réunies dans la Manche ? Si, au contraire, il a voulu descendre en Angleterre, pourquoi ne pas différer de six mois les changements en Cisalpine et la réunion de Gênes, qui devaient nécessairement lui amener une double guerre sur les bras ? » (*Vie politique et militaire de Napoléon.*)

Les éditeurs de la *Correspondance militaire* ont cru devoir insérer, dans le tome IIIe, les bulletins de la Grande Armée pendant la campagne de 1805. Ils auraient pu s'en dispenser. Ces documents fourmillent d'inexactitudes. De l'aveu de Napoléon, *les bulletins n'étaient qu'une esquisse légère des événements.* (Lettre de l'Empereur au major général du 26 avril 1809.) Et le 30 décembre 1811, l'Empereur écrit au même personnage : « Comme major général de la Grande Armée, vous devez une relation de tous les événements des campagnes d'Ulm, d'Austerlitz, d'Iéna, de Friedland et de celles d'Eckmühl et de Wagram ; vous n'avez cependant fait aucune relation. Il est nécessaire que vous vous occupiez sans relâche de ce devoir, et que vous y employiez quatre ou cinq heures par jour ; sans quoi, il ne restera rien de ces campagnes. *Les bulletins faits à la hâte sont insignifiants,* et aucune pièce ne s'y trouve. »

Voici encore quelques preuves du peu de confiance que doivent inspirer les bulletins :

Le général Pelet, relevant une inexactitude du 5e bulletin de la campagne d'Autriche de 1809, qui semble attribuer au maréchal Bessières et au général Oudinot la plus grande part dans le combat d'Ebersberg : « Il serait trop ridicule, — dit-il, — de vouloir argumenter d'après des publications destinées à satisfaire la curiosité des oisifs de toutes les classes, à en imposer aux ennemis découverts ou secrets du dedans ou du dehors, même aux alliés douteux qui préparaient leur défection. Les bulletins étaient pour les besoins des premiers moments; les proclamations, pour l'armée et la postérité. On peut voir la différence des unes et des autres. » Du reste, le combat d'Ebersberg est du 3 mai, le 5e bulletin porte la date du 4, et le rapport officiel de Masséna sur l'affaire n'est que du 5.

Quoique le fond des événements fût toujours assez exact dans les bulletins, les détails y étaient tellement dénaturés et d'une manière si déplorable, — soit dans un but utile, soit pour préparer ou justifier l'élévation de quelque protégé, — qu'en France le public ajoutait plus de foi à ceux de l'ennemi qu'à ceux du gouvernement. Aussi, Napoléon renonça-t-il, en 1813 et en 1814, à publier des bulletins, se contentant d'insérer au *Moniteur* des lettres qu'il donnait comme écrites par des officiers de l'armée à divers personnages de l'Etat. Mais les principes de rédaction ne changèrent pas. Ainsi, à Dresde, la prise de la redoute du centre fut attribuée à la jeune garde, parce que, disait l'Empereur, la garde doit jouir d'une grande réputation. En 1814, la défense de Nogent fut attribuée à M. de Bourmont, qui n'y avait paru qu'un instant, et lui valut le grade de général de division, bien que toute la gloire en appartînt au colonel Voirol, du 18e de ligne.

Comme nous l'avons dit plus haut, nous allons citer quelques passages du tome IIIe.

Organisation. — Le ministre directeur de l'administration de la guerre ayant soumis au Premier Consul un projet d'arrêté portant organisation des hôpitaux militaires et du service de santé, Bonaparte répondit : « Cela est l'inverse de ce que j'avais désiré, car *le grand défaut de notre organisation est de ne voir l'armée qu'en temps de paix, tandis que c'est toujours en temps de guerre qu'il faut la voir.* »

Commandement. — Le général Marmont, allant prendre le commandement du camp d'Utrecht, reçoit de l'Empereur les instructions suivantes : « Voyez beaucoup le soldat et voyez-le en détail. La première fois que vous arriverez au camp, bordez la haie par bataillon et voyez huit heures de suite les soldats un à un; recevez leurs plaintes, inspectez leurs armes et assurez-vous qu'il ne leur manque rien. Il y a beaucoup d'avantages à faire ces revues de sept à huit heures; cela accoutume le soldat à rester sous les armes, lui prouve que le chef ne se livre point à la dissipation et s'occupe entièrement de lui, ce qui est pour le soldat un grand motif de confiance. »

Reconnaissances. — « Ordre au maréchal Lannes d'envoyer des reconnaissances de cavalerie jusqu'à Vildbad; ces reconnaissances partiront avant le jour; on fera faire deux lieues par deux régiments, deux autres lieues par un régiment, une autre lieue par un escadron, une autre lieue par un piquet des mieux montés. » Le corps du maréchal Lannes était donc éclairé à six lieues en avant; qu'en pensent les officiers de cavalerie qui ont fait des reconnaissances le matin du 14 août 1870 et qui n'en ont pas fait le matin du 16 août?

Traîneurs. — Ordre du jour du 24 novembre 1805 : « L'intention de l'Empereur est de donner quelques moments de repos à l'armée; les chefs de corps doivent en profiter pour faire réparer l'habillement et la chaussure, nettoyer les armes et rallier tout le monde. Ils auront soin de faire un état des traîneurs qui, sans cause légitime, seront restés sur les derrières; ils recommanderont aux soldats de leur en faire honte, car, dans une armée française, la plus forte punition, pour celui qui n'a pas su prendre part aux dangers et à la gloire, est la honte qui lui est infligée par ses camarades. »

Comme la honte infligée par les camarades pouvait ne pas suffire, on prit des mesures plus effectives. Les traîneurs furent traqués, ralliés et poussés en avant. On en rassembla dix mille dans Braunau. Puis, le mot ayant été donné, ils subirent, en rentrant dans leurs compagnies, l'affront d'une visite, où chacun d'eux, dépouillé de son butin, fut livré aux joyeuses et rudes fustigations de ses camarades.

Et c'était l'armée du camp de Boulogne ! Tant il est vrai que : « Les grandes armées, telles que les colosses, ne sont bonnes à voir que de loin, d'où bien des détails défectueux sont inaperçus, comme aussi ce monde lui-même, dont l'ensemble impose l'admiration, mais où tant de détails semblent sacrifiés à cet admirable ensemble. » (Général DE SÉGUR, *Histoire* et *Mémoires*.)

<h2 style="text-align:center">IV</h2>

Avec le tome IVe nous sommes en 1806 et 1807, années marquées par les première et deuxième campagnes de Prusse. En ajoutant 42 pages, les éditeurs nous auraient conduits jusqu'à Tilsitt. Ils ont préféré scinder la correspondance juste entre Eylau et Friedland.

On n'a pas assez remarqué que le hasard semble s'être fait un jeu, en intervertissant les rôles, de rapprocher les incidents les plus caractéristiques des deux campagnes de 1806 et de 1870. Arrêtons-nous un instant sur ce sujet qui, certes, en vaut la peine.

En 1805, négociation pour l'annexion du Hanovre à la Prusse.
— En 1866, négociation pour l'annexion de la Belgique à la France.

En 1806, Napoléon Iᵉʳ se fait déclarer la guerre par la Prusse. — En 1870, la Prusse se fait déclarer la guerre par Napoléon III.

1806. — Proclamation de Napoléon à ses troupes : « La même faction, le même esprit de destruction qui amena, il y a quatorze ans, les Prussiens en Champagne, *à la faveur de nos divisions*, animent et dirigent nos ennemis. »

1870. — Discours du roi de Prusse au Reichstag : « L'Allemagne a supporté en silence dans les siècles passés de semblables atteintes à ses droits et à son honneur; elle les a supportées uniquement parce que, *dans sa division*, elle ne savait pas combien elle était forte. »

1806. — Proclamation du cabinet de Berlin à l'armée : « Nous allons combattre un ennemi qui a vaincu des armées nombreuses, humilié des monarchies puissantes,... mais une victoire constante et une prospérité durable ne sont accordées qu'à la cause de la justice. »

1870. — Proclamation de Napoléon III à l'armée : « Vous allez combattre une des meilleurs armées de l'Europe... Dieu bénisse nos efforts ! Un grand peuple qui défend une cause juste est invincible. »

Débuts des deux guerres, affaires d'avant-postes après lesquelles on se replie et dont on prétend jeter le bulletin triomphal aux quatre vents d'Europe :

1806. — 8 octobre, Tauentzien à Hoff.
1870. — 2 août, Frossard à Sarrebrück.

Quelques jours après, affaires sérieuses :

1806. — 10 octobre, Tauentzien est battu à Schleitz.
1870. — 6 août, Frossard est battu à Spickeren.

Analogie dans la manière dont les troupes sont conduites :
1806. — « Il (le duc de Brunswick) fatigue les troupes par des dispositions confuses et contradictoires, par des marches et contre-marches inutiles, par une mauvaise répartition des cantonnements, par des difficultés continuelles pour la substance, par une infinité de fausses mesures qui épuisent leurs forces en pure perte. » (GENTZ, *Mémoires et lettres inédites*.)

1870. — « Les ordres et les contre-ordres se succédaient sans intervalle ; les troupes, ballottées sur les routes d'un point à un autre, ne savaient plus que devenir; dégoûtées par des marches et des déplacements inutiles, elles perdaient toute confiance dans le commandement. » (D'ANDLAU, *Metz, Campagne et négociations*.)

Il serait facile de citer d'autres exemples, de rapprocher les voitures chargées de pianos en 1806, des voitures chargées de champagne en 1870.

Mais, comme le dit fort bien M. Albert Sorel, dans son *Histoire diplomatique de la guerre franco-allemande*, — « le seul attrait d'une vaine curiosité ne vaudrait point pourtant que l'on entreprît cette étude; elle a des titres plus sérieux à notre attention. Dans l'état douloureux et critique où nous sommes réduits, il y a quelque chose de fortifiant pour nous à considérer que les mêmes fautes, les mêmes passions, les mêmes imprévoyances avaient amené les mêmes désastres chez le peuple qui nous a vaincus. Ce peuple s'est relevé; nous savons par quels moyens. »

En 1870, nos places fortes ont résisté un peu plus longtemps que les places prussiennes en 1806. La chute inopinée et simultanée de celles-ci provient de ce que tous les éléments vigoureux de l'armée ayant été appelés à l'armée active, il ne resta plus dans les places que des recrues encadrées par des invalides, sous des chefs hors d'âge, auxquels la stupéfaction de se trouver tout à coup aux prises avec les Français fit perdre complétement la tête. En outre, la contagion des capitulations les gagna de proche en proche.

« Je sais, — dit Marmont, — qu'on se résout avec peine à mettre dans une place un bon régiment ou partie d'un bon régiment, en état de faire campagne; et cependant qu'il est absurde et funeste d'en confier la garde et la défense à de mauvais corps! Ils rendent la place aux premières attaques de l'ennemi, et le général voit disparaître le point d'appui sur lequel il comptait au moment où il lui était le plus nécessaire. En Espagne, j'en ai fait deux fois la douloureuse expérience. »

Quant à Napoléon, s'il faut s'en rapporter à un document de la *Correspondance militaire*, il pensait que les troupes de garnison devaient être aussi bien composées que les troupes de campagne. « J'estime plus utile, — écrit-il à Lacuée, — d'avoir des demi-brigades de quatre bataillons; on maintient la régularité en n'en envoyant que trois à la guerre, et en mettant l'autre dans les places les plus importantes. »

Passons maintenant à quelques citations.

Principes administratifs. — Au général Dejean. Urgence de prendre des mesures pour monter les hommes à pied dans les dépôts de cavalerie : « Le temps de guerre n'est pas le temps de paix. *Tout retard est funeste en temps de guerre.* Il faut de l'ordre, sans doute; mais il faut que l'ordre soit d'une nature différente qu'en temps de paix. En temps de paix, l'ordre consiste à ne rien donner qu'avec les formalités voulues ; en temps de guerre, l'ordre consiste à donner beaucoup sans aucune formalité, mais sur des états qui puissent servir à régulariser..... Un conscrit à pied, à un dépôt de cavalerie, me ruine et ne me sert à rien. »

Commandement. — Au prince Jérôme : « Vous devez être levé à une heure du matin. Vos troupes doivent être sous les armes à deux heures, et vous au milieu d'elles pour recevoir les reconnaissances qui auront été envoyées sur tous les points. Vous ne devez rentrer à Frankenstein qu'à huit heures du matin, lorsqu'il est certain qu'il n'y a rien de nouveau. » — « *Votre lettre contient trop d'esprit. Il n'en faut point à la guerre :* il faut de l'exactitude, du caractère et de la simplicité. »

Artillerie. — Au maréchal Berthier. Composition du parc d'artillerie : « Il est temps enfin de prendre un parti réel sur le parc. Je ne veux point non plus avoir 1100 ou 1200 voitures à ma suite. Dites à Songis que c'est autant de pris par l'ennemi. Je ne veux pas plus de 400 voitures. » Cette citation est tirée d'une lettre du 30 septembre 1806, quelques jours avant l'ouverture de la campagne de Prusse.

Avant-postes. — Au maréchal Soult : « J'ai vu avec peine, dans un de vos rapports d'hier, qu'un paysan était venu d'Elditten à Liebstadt. *Ne saurons-nous donc jamais servir ? Pas même un lièvre ne doit passer la ligne.* Le premier qui passera, faites-le fusiller, innocent ou coupable. Cette terreur sera salutaire. Nous ignorons ce que fait l'ennemi, il faut qu'il ignore ce que nous faisons. »

V

Le tome V⁰ comprend surtout la correspondance relative aux affaires d'Espagne, jusqu'à la fin de l'année 1808. « Cette malheureuse guerre m'a perdu, — disait l'Empereur à Sainte-Hélène. — Toutes les circonstances de mes désastres viennent se rattacher à ce nœud fatal ; elle a détruit ma moralité en Europe, compliqué mes embarras, ouvert une école aux soldats anglais. C'est moi qui ai formé l'armée anglaise dans la Péninsule. »

Suivant Jomini, trois fautes furent commises dans la première période de l'expédition et en compromirent le succès, si toutefois le succès en était possible : la première, ne pas avoir sacrifié Godoï à la vindicte générale, en le faisant exiler par Charles IV ; — la seconde, n'avoir envoyé que des conscrits à peine habillés et sachant tout juste le maniement des armes ; — la troisième, n'avoir pas payé comptant ce que les troupes consommaient sur leur passage, et avoir imposé aux Espagnols la charge des logements militaires, au lieu de faire camper les régiments.

A peine entré en Espagne, Joseph écrivait de Burgos à Napoléon : « Je ne suis point épouvanté de ma position, mais elle est unique dans l'histoire : je n'ai pas ici un seul partisan. » Il fallut qu'une victoire remportée par Bessières, celle de Medina del Rio-Seco, ouvrît au nouveau roi les portes de sa capitale. Et, quelques jours après y être entré, il se voyait forcé d'en sortir, sous peine d'être écrasé entre l'armée victorieuse de Castaños et une insurrection imminente. Joseph adressa alors à son frère, de Briviesca, ces prophétiques paroles : « Il faut deux cent mille Français pour comprimer l'Espagne, et cent mille échafauds pour maintenir le prince qui sera condamné à régner sur eux. Sire, on ne connaît pas ce peuple : *chaque maison sera une forteresse* et chaque homme a la volonté de la majorité. Deux mille domestiques m'ont quitté à la fois, malgré les forts appointements que j'avais donnés ; nous ne trouvons pas un guide, pas un espion. »

Après les conférences d'Erfurt, Napoléon prit le parti de se mettre à la tête de l'armée d'Espagne, pour en finir avec l'intervention anglaise et les résistances espagnoles qu'elle provoquait. Il passa les Pyrénées avec 60,000 hommes de vieilles troupes, et dut livrer les combats de Tudela, d'Espinosa, de Burgos, de Somo-Sierra, pour gagner Madrid. Après avoir réorganisé le gouvernement de cette capitale, il se disposait à marcher sur Cadix, lorsqu'il apprit le mouvement du général Moore qui cherchait à couper, à Valladolid, les communications de notre armée avec la France.

Napoléon courut aussitôt sur lui et Moore battit en retraite, vivement poursuivi par l'Empereur. Mais, à peine arrivé à Astorga, Napoléon reçut un courrier de France, lui apportant la nouvelle inattendue que les Autrichiens formaient des magasins sur l'Inn et réunissaient une armée, et celles d'intrigues intérieures qui sortent de notre sujet. Ces nouvelles nécessitaient le retour immédiat de Napoléon à Paris ; il n'hésita pas à quitter l'armée, dont il laissa le commandement au maréchal Soult. On sait qu'après son départ tout alla fort mal, et Napoléon a pu dire justement :

« Personne ne peut nier que si l'Autriche, en ne me déclarant pas la guerre, m'eût permis de rester encore quatre mois en Espagne, tout n'eût été terminé. Ma présence était indispensable partout où je voulais vaincre. C'était là le défaut de ma cuirasse. *Pas un de mes généraux n'était de force pour un grand commandement indépendant.* Ce n'est pas l'armée romaine qui a soumis la Gaule, mais César ; ce n'est pas l'armée carthaginoise qui faisait trembler la république aux portes de Rome, mais Annibal ; ce n'est pas l'armée macédonienne qui a été sur l'Indus, mais Alexandre ; ce n'est pas l'armée française qui a porté la guerre sur le Weser et l'Inn, mais Turenne ; ce n'est pas l'armée prussienne qui a défendu sept ans la Prusse, mais Frédéric le Grand. »

« L'horrible catastrophe » du général Dupont inspire à l'Empereur une de ces admirables notes, — pièce 1051, — comme il savait si bien les rédiger quand il voulait se rendre compte de ses idées. Elle est à lire, comme parfait modèle de plan de campagne.

On trouve également, dans le tome Vᵉ, un certain nombre de documents relatifs aux équipages militaires. C'est de l'année 1808 que date réellement l'organisation de cet important service. Jusqu'alors on avait, pour conduire les voitures, des charretiers recrutés parmi des hommes de bonne volonté « qui préféraient ce service à celui de soldats, — dit Gouvion Saint-Cyr, — dans la vue d'échapper à la réquisition. »

Les choses ne se passent pas, en 1878, autrement qu'il y a trois quarts de siècle. Encore aujourd'hui, et malgré nos désastres de 1870, l'unique préoccupation des familles est de soustraire leurs fils à la plus grande partie des chances militaires, celui-ci par la chance d'un bon numéro, celui-là par l'échappatoire du volontariat, et autre en le glissant dans les services administratifs.

Ne parlons pas du volontariat, ce *véritable remplacement* dont le législateur n'a pas calculé la portée ; mais le ministre de la guerre pourrait toujours décider qu'à l'avenir, le personnel des services administratifs ou sédentaires serait recruté parmi les jeunes gens infirmes, suivant leurs aptitudes et leur profession. Cette mesure ferait cesser un abus scandaleux. On ne verrait plus la fleur de notre jeunesse se réfugier dans la trop nombreuse bureaucratie militaire pour se soustraire aux obligations du service actif ; on ne verrait plus de gros et solides gaillards jouer au soldat-amateur ; on en ferait de véritables soldats et surtout d'excellents sous-officiers.

Citations du tome Vᵉ :

Discipline. — Au grand-duc de Berg. Punition infligée à trois soldats qui se sont laissé désarmer : « Je vois, dans votre proclamation, que trois soldats se sont laissé désarmer. Donnez ordre que, pendant un mois, ces soldats soient obligés d'assister à la parade avec un bâton au lieu de fusil, et que leurs noms soient mis à l'ordre de l'armée. »

Service d'état-major. — A Eugène-Napoléon. Punition à infliger à un aide de camp du vice-roi d'Italie qui a perdu des dépêches : « Votre aide de camp Bataille m'a perdu mes dépêches ; il mérite d'être puni : mettez-le pour quelques jours aux arrêts. *Un aide de camp peut perdre en route ses culottes, mais il ne doit perdre ni ses lettres ni son sabre.* Les paquets dont le vôtre était chargé n'étaient pas si gros qu'il ne pût les mettre dans l'intérieur de la voiture et sous sa main ; alors il ne les aurait pas perdus. Tous ces gaillards-là sont des freluquets. »

Tactique. — Au maréchal Bessières. Observations au sujet des opérations : « Les mouvements rétrogrades sont dangereux à la guerre ; ils ne doivent jamais être adoptés dans les guerres populaires : l'opinion fait plus que la réalité ; la connaissance d'un mouvement rétrograde, que les meneurs attribuent à ce qu'ils veulent, crée de nouvelles armées à l'ennemi. »

Au maréchal Victor. Reproches et observations pour ne pas avoir soutenu une de ses divisions engagée avec l'ennemi : « Comment, au lieu de vous porter en personne à la tête de vos troupes, secourir une de vos divisions, avez-vous laissé cette opération importante à un général de brigade qui n'avait pas votre confiance et qui n'avait avec lui que le tiers de vos forces ?... Vous savez que le premier principe de la guerre veut que, dans le doute du succès, on se porte au secours d'un de ses corps attaqués, puisque de là peut dépendre son salut. » — Waterloo ! Spickeren !

VI

La campagne de 1809 et les événements des dix premiers mois de l'année 1810 remplissent le tome VI°.

La pièce 1123 est une lettre adressée à Alexandre, prince de Neuchatel, major général de l'armée d'Allemagne, à Augsbourg. Sa Majesté l'Empereur et Roi reproche vivement à son Cousin d'avoir disséminé les troupes, et lui indique leurs points de concentration.

Ceci nous amène à parler de Berthier, comme il a été dit précédemment.

En 1796, Berthier est noté par Bonaparte : « Talents, activité, courage, *caractère ;* tout pour lui. »

A Sainte-Hélène, Napoléon note ainsi son ancien chef d'état-major : « Il était d'un *caractère indécis,* peu propre à commander en chef, mais possédant toutes les qualités d'un bon chef d'état-major. »

Cette appréciation était destinée au public ; dans l'intimité, « Berthier était un oison dont Napoléon avait fait un aigle. »

Que valait en réalité ce personnage ?

Il a été un peu ministre de la guerre, un peu général en chef et
beaucoup chef d'état-major.

Comme ministre de la guerre, il manquait absolument de la fer-
meté et de la vue d'ensemble nécessaires. Il ne fit rien de bon et put
constater lui-même les résultats de sa mauvaise administration lorsqu'il arriva à l'armée de Réserve. Au reste, Bonaparte ne lui laissa
pas longtemps le portefeuille et le fit offrir à Carnot, qui voulut bien
l'accepter. Bonaparte l'en remercia avec effusion, lui promit de le
laisser entièrement maître de son terrain, et déclara d'avance qu'il
donnerait tort à quiconque voudrait le contrarier en la moindre
chose.

Comme général en chef, écoutons ce que dit de ses dispositions
le général Pelet, dans ses *Mémoires sur la guerre de* 1809 : « Toutes
ces dispositions étaient tellement fautives, elles surprirent tellement
les chefs de l'armée, qu'on a pu entendre, il y a encore bien peu de
temps, un des maréchaux qui commandait, les attribuer à une défection qu'il prétendait n'être pas nouvelle... Ce maréchal n'est pas
le seul qui ait inculpé le dévouement du prince Berthier. Il y a eu
réellement des lettres écrites et des paroles dites : mais ce prince
paraît entièrement à l'abri de telles inculpations. Il n'avait contre
lui que beaucoup d'indécision et son insuffisance pour les hautes
parties de la guerre... Nous n'hésitons pas un instant à invoquer le
témoignage de ceux qui ont vu le prince de Neuchatel, quand il
s'est trouvé momentanément seul à l'armée, en 1809, à la fin de
1812 et au commencement de 1814. »

Le général Berthezène, dans ses *Souvenirs*, n'est pas plus tendre :
« Pendant ces premiers événements de la campagne, Napoléon était
encore à Paris, et il semblait que le maréchal Berthier ne l'eût pré-
cédé à l'armée que pour mettre en évidence toute sa nullité. Sans
plan, sans but, il fatiguait les troupes par des mouvements continuels de la rive gauche à la rive droite du Danube, et, plusieurs
fois, il nous est arrivé de faire ce double mouvement en un seul
jour. D'autant plus inquiet et plus incapable de décision que le dan-
ger était plus imminent, l'approche de l'armée autrichienne le jetait
dans la plus cruelle anxiété. C'est au milieu d'un de ces accès de
désespoir, qu'il s'écria naïvement : « Ah ! s'il était ici, je ne serais
pas en peine. » On devine qui était il !

Comme chef d'état - major, ne pouvant raconter toutes les erreurs
qu'il a commises, nous renvoyons à Fezensac (manière dont Berthier faisait faire le service aux aides de camp) ; — Jomini (passage
du Danube, erreur grossière commise par Berthier en copiant les
ordres de Napoléon) ; — Berthezène (visite de Berthier au camp
d'Am-Spitz, compte rendu fait par lui à Napoléon de choses qu'il
n'a pas vues) ;—Gouvion Saint-Cyr (débuts de la campagne de 1812,

encombrement de troupes à Glogau, par suite de l'imprévoyance de Berthier), etc., etc.

A vrai dire, l'Empereur était son propre chef d'état-major ; mieux que cela, il était le chef de tous les services, car il dirigeait l'administration, la comptabilité, l'armement, l'artillerie, la fortification de toutes les places, les constructions de diverses espèces, les organisations de toute nature, comme le prouve la Correspondance.

Avec un pareil homme que pouvait être Berthier ?

« Le major général, — dit le général Pelet, — ne faisait ordinairement qu'*extraire et copier* le plus textuellement possible les lettres d'ordres qu'il recevait de l'Empereur, ou qu'il écrivait sous sa dictée. »

« Berthier, — dit le général de Ségur, — n'était qu'un écho fidèle, *un miroir et rien de plus.* Toujours prêt, clair et net, la nuit comme le jour, il réfléchissait, il répétait l'Empereur, mais n'ajoutait rien, et ce que Napoléon oubliait était oublié sans ressource. »

La méthode de Napoléon semble prouver qu'il s'était inspiré de celle du Grand Frédéric. Dans son *Eloge* de ce monarque : « Il faut remarquer, — dit Guibert, — que jamais cet infatigable génie ne se déchargea sur les autres d'aucune opération importante, principe bien recommandable à tout homme qui gouverne ou qui commande, parce que la connaissance des hommes doit lui apprendre qu'il en est peu auxquels on puisse se fier comme à soi-même. » Et le général Bronsart, plus explicite, dit nettement dans son ouvrage sur le *Service d'état-major* : « Ce grand capitaine était non-seulement son propre chef d'état-major général, mais de plus il remplissait souvent lui-même les fonctions d'officier d'état-major d'un grade inférieur. Le roi écrivait lui-même ou dictait les plans d'opérations, les dispositions et instructions. Quant aux ordres de combat, il les donnait de vive voix. Lui fallait-il des aides, il avait alors à sa disposition ses aides de camp, quelques officiers du génie et quelques *feldjäger* à cheval. »

Si le général en chef est à hauteur de sa tâche, l'emploi de major général est une superfétation ; et de plus : « Celui qui reçoit les idées d'un autre, pour en être l'interprète, — dit le biographe de Suchet, — fait en cela peu d'usage de la faculté la plus énergique de l'homme, celle de vouloir et d'agir par lui-même. Rester ainsi habituellement le second, n'est pas un bon moyen de devenir le premier ; pour un homme ordinaire, ce serait peut-être à la longue le moyen de s'en rendre incapable. »

Si le général est médiocre, le major général ne tarde pas à substituer sa volonté à celle de son chef ; il devient le maire du palais d'un roi fainéant, et c'est le général en chef qui n'est plus là que pour copie conforme.

Il est impossible de sortir de cette alternative, et nous laissons au lecteur le soin de conclure.

« Notre militaire est peu instruit, — écrit l'Empereur au général Clarke, le 1er octobre 1809 ; — il faut s'occuper de deux ouvrages, l'un pour l'école de Metz, l'autre pour l'école de Saint-Cyr. » Puis il donne le plan des deux ouvrages, — pièce 1196, — et indique Carnot comme très-propre à se charger de la rédaction de celui pour l'école de Metz, et qui devait être consacré à la *Défense des places*.

D'après les *Mémoires sur Carnot*, Napoléon faisait demander cela à son ancien ministre de la guerre comme un service en échange d'une pension de retraite de dix mille francs qu'il venait de lui assigner, et afin de satisfaire pleinement sa délicatesse ombrageuse. Mais ces dispositions, si bienveillantes, en apparence, changèrent après la composition de l'ouvrage. La presse impériale fut refusée à l'auteur, qui dut faire les frais de l'impression, dans lesquels il rentra difficilement. Toute l'édition fut portée au dépôt des fortifications et l'école de Metz n'en reçut même pas un exemplaire. Cependant la réputation de la *Défense des places* finit par s'établir, et l'ouvrage atteignit sa troisième édition, sans parler de plusieurs traductions en langue allemande. On le trouve aujourd'hui dans la compilation Liskenne et Sauvan, que possèdent toutes les bibliothèques militaires.

« Carnot, — a dit Napoléon, à Sainte-Hélène, — n'avait aucune expérience de la guerre, ses idées étaient fausses sur toutes les parties de l'art militaire, même sur l'attaque et la défense des places et sur les principes des fortifications, qu'il avait étudiés dès son enfance. Il a imprimé sur ces matières des ouvrages qui ne peuvent être avoués que par un homme qui n'a aucune pratique de la guerre. »

Ceci donne, peut-être, l'explication de la défaveur avec laquelle fut accueilli l'ouvrage de Carnot.

Quoi qu'il en soit, dans la lettre-programme de l'Empereur, on remarque ces deux passages :

1º Ouvrage pour l'école de Metz : « Il doit traiter non-seulement de ce qui regarde l'officier du génie, mais aussi le commandant et le gouverneur d'une place ; il doit apprendre le peu de cas qu'il faut faire des faux bruits que l'ennemi peut répandre, et poser en principe qu'un commandant de place assiégée ne doit faire aucune espèce de raisonnement étranger à ce dont il est chargé ; qu'il doit se regarder comme isolé de tout ; qu'il doit enfin n'avoir d'autre idée que de défendre sa place, avec tort ou raison, jusqu'à la dernière minute, conformément à ce que prescrivent les ordonnances de Louis XIV et l'exemple des braves gens. »

Dans ses *Mémoires*, Napoléon admet que le gouverneur d'une place est autorisé à poser les armes lorsqu'il manque de vivres, que les défenses de sa place sont ruinées, et qu'il a soutenu plusieurs assauts. Mais il ajoute : « Il est vrai qu'il est des généraux, Villars est de ce nombre, qui pensent qu'un gouverneur doit ne jamais se rendre, mais, à la dernière extrémité, faire sauter les fortifications et se faire jour, de nuit, au travers de l'armée assiégeante; ou, dans le cas que la première de ces deux choses ne soit pas faisable, sortir du moins avec sa garnison et sauver ses hommes. Les gouverneurs qui ont adopté ce parti ont rejoint leur armée avec les trois quarts de leur garnison. »

On regrette qu'il n'ait pas rappelé, à ce propos, l'évasion héroïque de la garnison d'Almeïda en mai 1811. Le général Brenier, gouverneur de la place, fit jeter toutes les cartouches dans les puits, scier les affûts, mettre les pièces hors de service et sauter les principaux ouvrages. Sauf 200 hommes, au plus, la garnison, forte de 1500 hommes, se sauva en trompant le calcul des Anglais, et en leur livrant une place détruite. On prétend que Wellington, en apprenant ce fait extraordinaire, s'écria que l'acte du général Brenier valait une victoire.

2º Ouvrage pour l'école de Saint-Cyr : « Il faut surtout appuyer sur les devoirs de l'officier qui commande une colonne détachée; bien exprimer l'idée qu'il ne doit jamais désespérer; que, fût-il cerné, il ne doit pas capituler; qu'en pleine campagne, il n'y a pour de braves gens qu'une seule manière de se rendre, c'est, comme Francois Iᵉʳ et le roi Jean, au milieu de la mêlée et sous les coups de crosse. »

Dans ses *Mémoires*, Napoléon n'admet, sous aucun prétexte, les capitulations en pleine campagne. Il dit : « Mais que doit donc faire un général qui est cerné par des forces supérieures ? Nous ne saurions faire d'autre réponse que celle du vieil Horace. Dans une situation extraordinaire, il faut une résolution extraordinaire; plus la résistance sera opiniâtre, plus on aura de chances d'être secouru ou de percer. Que de choses qui paraissent impossibles ont été faites par des hommes résolus n'ayant plus d'autres ressources que la mort ! »

Citations du tome VIᵉ :

Commandement. — A Jérôme Napoléon. On exagère les mouvements insurrectionnels en Allemagne; conseils : « Avant de faire un mouvement, il faut voir clair, et c'est parce que je me suis aperçu que vous agissiez trop promptement et avant d'avoir vu se développer les projets des ennemis que j'ai défendu que mes troupes sortissent de Hanau. L'expérience vous apprendra la différence qu'il y a entre les bruits que l'ennemi répand et la réalité. *Jamais, depuis seize ans que je commande, je n'ai donné un contre-ordre à un régiment,* parce que j'attends toujours qu'une affaire soit mûre et que je la connaisse bien avant de faire manœuvrer. »

Au général Clarke. Reproches à adresser au roi d'Espagne, qui a fait connaître les forces de son armée : « Je désire que vous écriviez au roi d'Espagne pour lui faire comprendre que rien n'est plus contraire aux règles militaires que de faire connaître les forces de son armée, soit dans des ordres du jour et proclamations, soit dans les gazettes ; que, lorsqu'on est induit à parler de ses forces, on doit les exagérer et les présenter comme redoutables en en doublant ou triplant le nombre, et que, lorsqu'on parle de l'ennemi, on doit diminuer sa force de moitié ou du tiers ; que, dans la guerre, tout est moral ;..... qu'il est dans l'esprit de l'homme de croire qu'à la longue le petit nombre doit être battu par le plus grand. »

Tactique. — A Eugène Napoléon. Principes à suivre : « Il faut marcher tous bien réunis, et point de petits paquets. »

Au même : « Quant à l'artillerie, voici l'attention qu'il faut avoir : aussitôt que vous aurez décidé votre attaque, faites-la soutenir par une batterie de trente ou trente-six pièces de canon ; rien ne résistera, tandis que le même nombre de canons disséminés sur la ligne ne donnerait pas les mêmes résultats. »

Ces deux principes résument toute la tactique de Napoléon, ainsi qu'on le voit par les deux extraits suivants de ses conversations à Sainte-Hélène :

1° « Dans les guerres de la Révolution, on avait le faux système de disséminer ses forces, d'envoyer colonne à droite et colonne à gauche, ce qui ne vaut rien. Pour dire le vrai, ce qui m'a fait gagner tant de batailles, c'est le système inverse ; car la veille du combat, au lieu de diverger, je faisais converger toutes mes divisions sur le point que je voulais forcer, et là mon armée était massée, elle renversait avec facilité ce qui était devant elle et se trouvait nécessairement toujours plus faible. A Wagram, j'ai même rappelé un corps d'armée qui était à quarante lieues sur le Danube, tandis que l'archiduc Charles fit la faute de laisser l'archiduc Jean à Presbourg. J'eus de cette manière sous ma main et sur le même champ de bataille plus de cent soixante mille baïonnettes et quatre cents pièces de canon ; c'étaient quarante mille de plus que l'archiduc. »

2° « Napoléon ajoutait que l'artillerie faisait aujourd'hui la véritable destinée des armées et des peuples ; qu'on se battait à coups de canon comme à coups de poing, et qu'en bataille comme à un siége l'art consistait à présent à faire converger un grand nombre de feux sur un même point; que la mêlée une fois établie, celui qui avait l'adresse de faire arriver subitement et à l'insu de l'ennemi, sur un de ses points, une masse inopinée d'artillerie, était sûr de l'emporter. Voilà quels avaient été, disait-il, son grand secret et sa grande tactique. »

VII

Nous passerons rapidement sur le tome VII⁰, consacré à la guerre d'Espagne et aux préparatifs de la campagne de Russie pendant l'année 1811.

La pièce 1307, lettre au prince de Neuchatel, relativement à des reproches à adresser au général Belliard, au sujet d'une lettre écrite par cet officier général à l'Empereur, est caractéristique à tous les points de vue.

Elle commence ainsi : « Répondez au général Belliard que vous n'avez pas mis sa lettre sous mes yeux; qu'il avait sans doute perdu la tête quand il l'a écrite; qu'offrir sa démission pour ne pas avoir exécuté mes ordres, c'est déclarer qu'on ne .veut pas obéir ; que c'est avoir encouru la peine capitale;..... » et elle se termine par une phrase montrant le peu de cas que Napoléon fait de Joseph : « Que vous voyez, par le ton qu'il prend, qu'il a désappris la France, et que, quand il. est question d'exécuter les ordres de l'Empereur, il croit avoir à parler au roi d'Espagne. »

Le roi Joseph, homme d'un grand bon sens, se plaignait sans cesse à Napoléon qu'il diminuât son autorité morale ; il prétendait que la déconsidération affectée à son égard ne pouvait qu'être nuisible aux intérêts de la France dans la Péninsule. Loin de tenir compte des plaintes de son frère, l'Empereur cherchait, par tous les moyens, à rogner son pouvoir, sans se préoccuper de la ridicule position qu'il lui faisait, et sans même lui laisser abdiquer cette funeste couronne d'Espagne, que Joseph n'avait pas sollicitée et qui lui pesait au front.

Certes, il y avait de quoi. A la fin de cette année 1811, la disette était telle à Madrid, que chaque jour des centaines de malheureux mouraient de faim, que le roi avait fait briser sa vaisselle pour nourrir le peuple, qu'on ne fabriquait plus d'autre pain que du pain de munition, et qu'on n'en servait pas d'autre sur la table royale.

Citations du tome VII⁰ :

Récompenses.—Au général Andréossy. Ordre concernant les placés à réserver aux militaires retirés et blessés : « Réunissez la section de la guerre et proposez-moi un projet pour récompenser les militaires, retirés et blessés, en leur donnant de préférence les places des administrations forestières, des postes, des tabacs, des contributions, enfin par toute espèce de place que les militaires, officiers et soldats, retirés sont susceptibles d'occuper ; car il est contre mon intention et la justice de donner ces places à des gens qui n'ont rien fait. »

Si les principes posés dans cette lettre étaient appliqués de nos jours ; si, — comme le demande Jomini, — on assurait aux services rendus à l'Etat la préférence dans tous les emplois administratifs qui viendraient à vaquer, ou si l'on exigeait même un temps donné de service militaire pour certains emplois, on arriverait, en peu de temps, à constituer d'excellents cadres inférieurs, plus nécessaires aujourd'hui que jamais avec les effectifs formidables dont la tactique actuelle exige l'emploi.

Commandement. — Au général Clarke, ministre de la guerre. Reproches sur l'inexécution d'un ordre : « Je reçois votre rapport du 15 mai. Vous me répondez, pour vous justifier de ce que quinze gendarmes restent sans armes dans l'île de Walcheren, que vous avez donné l'ordre. Il vaudrait mieux n'avoir pas donné d'ordre et que ces hommes fussent armés. Lorsque vous donnez des ordres, prenez des mesures pour qu'ils soient exécutés, et punissez ceux qui commettent une faute aussi grave. *Pourquoi renouveler un ordre ? Un ordre doit toujours être exécuté ; quand il ne l'est pas, il y a crime, et le coupable doit être puni.* Les rênes d'un ministère de la guerre doivent être tenues d'une main plus ferme que cela. »

Infanterie. — Au général Clarke. Ordre concernant la remise au génie des outils donnés à l'infanterie : « Il faut renoncer à donner des outils à l'infanterie ; ils sont trop lourds et gêneraient le soldat dans sa marche ; il finirait par les jeter ; ce serait une très-grande perte ; faites-en faire la remise au génie. »

Cette lettre est du 18 juin 1811. Elle est d'autant plus à remarquer que sept jours auparavant, le 11 juin, Napoléon avait écrit au général Clarke : « J'ai fait faire une grande quantité d'outils, mon intention étant d'en donner aux corps. Il me paraît convenable de commencer par le 24e léger, etc... » Les outils-joujoux, actuellement en service dans les corps d'infanterie, ne sont ni lourds ni trop gênants. Mais, comme ils sont complétement impropres à un bon usage, ils sont menacés d'avoir le sort que prévoyait Napoléon. Il serait donc plus économique d'en faire la remise au génie.

Cavalerie. — Au général Clarke. Organisation des divisions de cuirassiers (chacune d'elles devait comprendre trois régiments de cuirassiers à huit escadrons, formant une brigade, et un régiment de chevau-légers-lanciers) : « Vous ferez une ordonnance sur le service des chevau-légers avec les cuirassiers. Sous aucun prétexte les cuirassiers ne pourront être donnés en ordonnances. Le service de correspondance, d'escorte, celui de tirailleurs sera fait par les lanciers. Quand les cuirassiers chargent des colonnes d'infanterie, les chevau-légers doivent être placés sur les derrières ou sur les flancs, pour passer dans les intervalles des régiments et tomber sur l'infanterie lorsqu'elle est en déroute, ou, si l'on a affaire à la cavalerie, sur la cavalerie et la poursuivre l'épée dans les reins. »

VIII

La correspondance du tome VIIIe a pour objet la campagne de Russie et la première partie de la campagne de 1813.

« On ne saura jamais bien la campagne de Russie, — dit Napoléon, dans ses *Notes* sur l'ouvrage du général Rogniat, — parce que les Russes n'écrivent pas, ou écrivent sans aucun respect pour la vérité, et que les Français se sont pris d'une belle passion pour déshonorer et discréditer eux-mêmes leur gloire. Peut-être quelque Allemand, quelque Anglais qui étaient dans les armées russes écriront-ils : on y verra alors que cette campagne est la plus belle, la plus habile, la mieux conduite et la plus méthodique de toutes celles que Napoléon a commandées. »

Il ne faudrait pas prendre ceci au pied de la lettre, car dans le célèbre entretien de Dohna, du 8 septembre 1813, Napoléon était convenu, avec Gouvion Saint-Cyr, que sa plus belle campagne était celle de 1796.

Boutourlin, aide de camp de l'empereur de Russie, a écrit dans sa relation de la campagne de 1812, que son maître avait été l'agresseur, que dès 1810 Alexandre avait réuni ses armées sur les frontières du grand-duché de Varsovie, et qu'à Tilsitt même, il pensait aux moyens de réparer ses défaites. Devant un pareil aveu, il faudrait la mauvaise foi habituelle des pamphlétaires pour rejeter encore sur Napoléon les torts de cette agression.

Quant aux écrivains français, le général Gourgaud (*Examen critique* de l'ouvrage du général de Ségur) cite les *Mémoires pour servir à l'Histoire de la guerre entre la France et la Russie, en* 1812, par le général de Vaudoncourt, comme supérieurs à tout ce qui a été publié sur cette campagne, autant par le talent bien connu de l'auteur que par l'exactitude des faits. « Le général de Vaudoncourt ayant été fait prisonnier pendant la retraite, a été à même de re-

cueillir beaucoup de pièces et de renseignements du plus haut intérêt, qui font rechercher son livre par tous ceux qui veulent avoir
une idée juste des événements de cette guerre. »

Sur la foi d'historiens peu sérieux, beaucoup de gens s'imaginent
encore que Napoléon est entré en Russie avec 4, 5 ou 600,000 hommes. Or, il résulte de documents officiels, surchargés même de
notes de la main de l'Empereur, que l'armée comptait, au passage
du Niémen, 325,900 hommes présents sous les armes, dont
155,400 Français et 170,000 Alliés, avec 984 bouches à feu. Ce
sont encore de beaux chiffres.

Entre tous les corps, le 1er, celui de Davout (90,000 hommes,
d'après M. Thiers, — 70,000 hommes, d'après le général de Ségur,
— 64,000 hommes, en réalité), se faisait remarquer par sa belle
tenue et son exacte discipline.

Détail intéressant : les sacs de l'infanterie renfermaient deux che-
mises, deux paires de souliers, avec clous et semelles de rechange,
un pantalon et des demi-guêtres de toile, quelques ustensiles de
propreté, une bande à pansement et de la charpie. La capote était
roulée par-dessus ; des deux côtés étaient placés quatre biscuits
d'une livre ; au-dessous, un sac de toile long et étroit rempli de
dix livres de farine. Chaque soldat portait encore en bandoulière un
sac de toile contenant deux pains de trois livres ; total : quatre jours
de pain, quatre jours de biscuit et sept jours de farine. Trois
pierres à feu et soixante cartouches complétaient sa charge.

Avec le corps d'armée marchaient des voitures portant encore
six jours de vivres ; malheureusement, on ne pouvait guère compter
sur ces transports réquisitionnés au passage. Quand le sac de farine était vide, on le remplissait du grain qu'on trouvait, et qu'on
faisait moudre soit à un moulin si l'on en rencontrait, soit avec des
moulins à bras trouvés dans les villages ou suivant les régiments.
Pour moudre, avec ces derniers, le grain nécessaire par jour à une
compagnie de 130 hommes, il fallait employer seize hommes pendant douze heures.

Chaque compagnie comptait des ouvriers de toute espèce : armuriers, boulangers, cordonniers, tailleurs, maçons, nageurs, etc. Le
1er corps était une véritable colonie ambulante.

Soit que Napoléon ait inspiré cette organisation, soit qu'il n'en
ait eu que le souvenir, toujours est-il qu'à Sainte-Hélène il a été
dicté un *Projet d'organisation de l'armée,* dans lequel se trouvent
ces deux passages bons à connaître :

1° « Le bataillon doit se suffire à lui-même ; il sera organisé de
manière à pouvoir s'entretenir et combattre ; il aura donc des tailleurs, des chapeliers, des cordonniers, des armuriers et des arti-
ficiers pour pourvoir à son habillement et à son armement ; des

bouchers et des boulangers pour préparer des vivres ; de la cavalerie, du canon, des cartouches, des ingénieurs, des outils, des officiers de santé, des ambulances et des moyens de transport, afin de pouvoir combattre. »

2° « Les soldats de 1re et de 2e classe seront partagés par tiers : 1° en canonniers ; 2° en sapeurs ; 3° en nageurs. Les premiers seront spécialement mis au fait du service de l'artillerie ; les seconds, de celui de la sape, des travaux de fortification de campagne, des fonctions de l'infanterie pour l'attaque et la défense des places et postes ; les troisièmes, des ponts de bateaux, trains, manœuvres de bateaux et de la natation ; à cet effet, ils seront munis d'une ceinture de cuir partagée en huit compartiments. »

Jomini pense que le séjour de l'Empereur à Vilna, pendant dix-sept jours, a probablement décidé du sort de la guerre. Si Napoléon eût marché immédiatement avec la garde et Davout sur Minsk, il eût sans doute enveloppé Bagration.

Si, au contraire, il eût suivi Barclay avec la garde, Davout et le vice-roi, il fût arrivé le 12 à Polotsk et eût rejeté son adversaire sur Riga : la campagne était terminée glorieusement pour lui.

« Il est certain que ce séjour fut la faute militaire la plus grave de sa vie. » — « Ce séjour est si extraordinaire de la part du vainqueur d'Ulm et de Ratisbonne, qu'on ne peut l'imputer qu'à une cause qui ne sera sans doute jamais connue. »

On sait que Jomini a fait la campagne.

Des admirateurs de Napoléon lui reprochent également d'avoir découragé les Polonais. S'il eût déclaré franchement qu'il ne poserait les armes qu'après les avoir rétablis dans leurs droits politiques : « Tous seraient montés à cheval, et notre armée, précédée et couverte par une nuée de troupes légères bien supérieures aux cosaques russes, aurait retiré de cette coopération les plus grands avantages : aucun des mouvements de l'ennemi ne nous aurait échappé ; nos marches auraient été sans cesse éclairées ; nos soldats auraient reposé sans inquiétude dans leurs bivouacs, et l'on aurait pu facilement organiser des convois de vivres et pourvoir à la subsistance des troupes. » (Gal BERTHEZÈNE.)

La pièce 1469 du tome VIIIe est l'ordre pour la bataille de la Moskowa. Napoléon y recommande d'agir « avec ordre et méthode, et en ayant soin de tenir toujours une grande quantité de réserve. »

L'armée française déploya pendant la lutte une énergie que rien ne put ébranler ; le choc fut si terrible, que les plus anciens soldats ne se rappelaient pas en avoir vu un pareil.

Le docteur Larrey évalue nos pertes à 9,000 morts et à 12,000 ou 13,000 blessés. Boutourlin, écrivant d'après les états fournis par les états-majors russes, porte la perte des siens à 50,000 hommes, dont 15,000 tués.

Ce même écrivain justifie pleinement Napoléon d'avoir quitté l'armée à Smorgoni. « Napoléon, — dit-il, — n'était pas seulement le chef de l'armée qu'il quittait; mais puisque les destinées de la France entière reposaient sur sa tête, il est clair que, dans cette circonstance, son premier devoir était moins d'assister à l'agonie des débris de son armée que de veiller à la sûreté du grand empire qu'il gouvernait. Il ne pouvait mieux satisfaire à ce devoir qu'en se rendant à Paris, afin de hâter, par sa présence, l'organisation des nouvelles armées, devenues nécessaires pour remplacer celles qu'il venait de perdre. »

Gouvion Saint-Cyr, peu suspect de partialité envers Napoléon, dit qu'en voyant ce que l'Empereur avait déjà créé de moyens vingt jours après son arrivée à Paris, on doit convenir que son départ a été un acte de sagesse.

Suivant le même, de toutes les troupes que Napoléon conduisit en Russie, les soldats français furent ceux qui résistèrent le mieux aux fatigues et aux privations. « Cette connaissance, si chèrement payée, est plus importante qu'elle ne le paraît au premier aperçu. »

Ne fût-ce qu'à titre de curiosité, les éditeurs auraient pu insérer dans le tome VIIIe une lettre du 3 janvier 1813, du duc de Rovigo, relative au fusil inventé par l'armurier Pauly et avec lequel on pouvait tirer onze coups à la minute. Il est dit, dans le tome XXIVe de la *Correspondance* générale : « Sa Majesté a vu ce fusil à Gros-Bois, le 19 janvier 1813, » et rien de plus.

A cette époque, Napoléon pressait activement la réorganisation de la Grande Armée. Il n'y avait pas si petite ressource dont il dédaignât de faire usage, mais il en résultait une complication singulière dans la composition des corps d'armée. Le 1er corps, Vandamme, était fort de 42 bataillons provenant de douze régiments; — 2e corps, Victor, 43 bataillons provenant de 12 régiments; — 3e corps, Ney, 50 bataillons provenant de 31 régiments; — 14e corps, Gouvion Saint-Cyr, 51 bataillons provenant de 42 régiments; — et chaque bataillon était formé de compagnies tirées deci et delà. Néanmoins tout cela marchait à peu près.

Le tome VIIIe nous conduit jusqu'à la reprise des hostilités qui suivit l'armistice de Pleiswitz. On lit dans la pièce 1541, adressée au général Clarke le 18 août 1813 : « Le général Moreau, arrivé à l'armée des alliés, a ainsi entièrement levé le masque et a pris les armes contre sa patrie. Le général de brigade

Jomini, chef de l'état-major du prince de la Moskowa, a déserté à l'ennemi, etc. »

Moreau ne tarda pas à se repentir de la faute qu'il avait commise. Le 20 août, il dit à Jomini, dans un moment d'abandon : « Nous avons fait tous les deux une sottise, mon cher Jomini ; mais quand je suis parti d'Amérique, je croyais *le petit homme* gelé ou prisonnier en Russie, et la France sans armée, à la merci de l'ennemi. J'ai su à Gothenbourg sa résurrection miraculeuse, et j'avoue que j'en ai été surpris ; il a plus de talent que je ne lui en supposais, mais c'est un grand fou d'en faire un aussi mauvais usage. »

Sept jours après, un boulet de l'artillerie de la garde suppliciait Moreau, le deuxième jour de la bataille de Dresde, et jamais sentence du destin n'a été plus juste.

Citations du tome VIIIe :

Discipline. — Ordre du jour du 22 juin 1812, prescrivant différentes mesures pour maintenir l'ordre et la discipline dans l'armée : « Il sera établi à Maryampol, pour le département de Lomza, une commission prévôtale de 5 officiers, auprès de laquelle il sera formé une colonne mobile composée de 200 habitants du pays (garde nationale), de 10 gendarmes et de 40 hommes de cavalerie française. Cette colonne sera commandée par 1 officier général ou supérieur français. Elle se subdivisera en dix petites colonnes ou patrouilles, fortes chacune de 25 hommes, lesquelles parcourront le pays dans tous les sens et arrêteront tout traînard ou maraudeur et tout fauteur de désordres. Les individus arrêtés seront conduits devant la commission prévôtale de Maryampol, et, s'ils sont coupables, condamnés conformément à ce qui est dit ci-dessus. » C'est-à-dire condamnés à mort et exécutés dans les vingt-quatre heures.

Défense des places. — Au prince de Neuchatel. Observations sur la reddition de Thorn : « Quant à la raison qu'il y avait dans la place des cadres précieux à conserver, cette raison seule accuserait le commandant. Les commandants de place n'ont pas de politique à faire, le soin de l'empire ne leur est pas confié ; ils sont chargés de défendre un poste et ils doivent le faire jusqu'à la dernière extrémité, puisque chaque jour qu'ils ajoutent à la défense de leur place peut les mettre à même d'être secourus ou être de la plus grande utilité à l'Etat, en empêchant l'ennemi de disposer de ses troupes. »

Subsistances. — Ordre du 20 juin 1812, prescrivant le nombre de jours de vivres que doit prendre la garde : « Il est recommandé aux soldats de ménager leurs vivres et d'en avoir soin. Les officiers feront des inspections tous les matins, pour s'assurer que chaque soldat n'a mangé que le jour de vivres qu'il devait, et qu'il a le reste pour le nombre de jours voulu. »

Tactique. — A Eugène-Napoléon. Considérations sur la défense des rivières : « Il faut mettre en principe que l'ennemi passera l'Elbe où et comme il voudra. Jamais une rivière n'a été considérée comme un obstacle qui retardât de plus de quelques jours, et le passage n'en peut être défendu qu'en plaçant des troupes en force dans des têtes de pont sur l'autre rive, prêtes à reprendre l'offensive aussitôt que l'ennemi commencerait son passage. Mais, voulant se borner à la défensive, il n'y a pas d'autre parti à prendre que de disposer ses troupes de manière à pouvoir les réunir en masse et tomber sur l'ennemi avant que son passage ne soit achevé... Rien n'est plus dangereux que d'essayer de défendre sérieusement une rivière en bordant la rive opposée ; car, une fois que l'ennemi a surpris le passage, *et il le surprend toujours*, il trouve l'armée sur un ordre défensif très-étendu et l'empêche de se rallier. »

IX

La dernière partie de la campagne de 1813, la campagne de 1814, les mois de mars, avril et mai 1815, forment le sujet du tome IXᵉ.

Au début de cette période, la bataille de Dresde, favorable à nos armes, semblait devoir consolider la situation de Napoléon ; mais, à quelques jours de là survint l'affaire de Kulm, qui eut les plus désastreuses conséquences pour la fin de la campagne. Dans son ouvrage : *Le général Vandamme*, M. Ducasse, peu suspect de bienveillance pour M. Thiers, dit, en parlant de cette affaire : « Dans tous les ouvrages où nous en avons lu la relation bien détaillée, nous ne l'avons trouvée appréciée avec vérité, avec impartialité, que dans l'*Histoire du Consulat et de l'Empire* de M. Thiers. »

Or, voici le résumé de cette appréciation :

Vandamme ne pouvait pas faire autre chose que ce qu'il fit. — Le maréchal Saint-Cyr seul aurait pu secourir Vandamme et ne le fit pas. — Napoléon n'a mérité, dans cette occasion, que le reproche ordinaire de trop entreprendre. — C'est au *hasard* qu'est dû le triomphe inespéré des coalisés. — « C'est avec un grand regret qu'on trouve en faute un aussi noble personnage historique que le maréchal Saint-Cyr, mais l'histoire ne doit être une flatterie ni pour les vivants ni pour les morts. Elle n'est tenue que d'être vraie, de l'être sans malveillance comme sans faiblesse. »

La désorganisation ne tarda pas à faire des progrès effrayants. Le 6 septembre, Napoléon fit mettre à l'ordre de l'armée :

« Tout soldat qui quitte ses drapeaux trahit le premier de ses devoirs.

« En conséquence, Sa Majesté ordonne :

« ARTICLE 1er. — Tout soldat qui quitte ses drapeaux sans motif légitime sera décimé. A cet effet, aussitôt que dix isolés seront réunis, les généraux commandant les corps d'armée les feront tirer au sort et en feront fusiller un.

« ART. 2. — Le major général est chargé de l'exécution du présent ordre. »

Cette mesure rigoureuse pallia un instant le mal, mais ne l'arrêta pas, et la situation était déjà telle que le maréchal Macdonald la peignit un peu plus tard à Napoléon, dans une lettre du 5 décembre :

« Il faut que l'Empereur sache la vérité; il est digne de l'entendre. Il y a beaucoup de découragement; tout le monde est fatigué de la guerre, des marches et mouvements continuels. Ceux que l'Empereur a comblés d'avancements et de récompenses sont les premiers qui désirent en jouir tranquillement, n'espérant plus autre chose; les officiers manquent de tout, souffrent et sont mécontents; les soldats, peu soignés, découragés par les propos qu'ils entendent, ne tiennent plus et jettent leurs armes. Si l'on dit autrement à l'Empereur, on le flatte et on le trompe. Sa Majesté ne doit pas se faire illusion; elle n'a que des hommes et point de soldats. »

La fatigue de l'armée avait gagné les populations. Au début de la campagne de 1814, malgré tous les efforts du gouvernement pour nationaliser la guerre, les classes moyenne et inférieure, dont la vanité n'était plus excitée par des conquêtes, témoignèrent la plus complète indifférence. Tous les moyens possibles furent employés pour les faire sortir de leur apathie; on chercha même à ranimer l'énergie révolutionnaire de la populace. L'air de la *Marseillaise*, si longtemps proscrit, fut joué sur tous les orgues de Barbarie, et on y adapta des paroles en l'honneur de l'Empereur !

Certes, Napoléon retrouva, pendant cette période, le génie qui étonna l'Europe en 1796. « Mais l'opinion seule combattait alors pour lui : il n'y avait plus d'armée; à peine étions-nous 1 contre 10. Jamais les forces dont a pu disposer Napoléon, dans ses mouvements entre la Seine et la Marne, n'ont dépassé 35,000 hommes de débris. Mon corps... n'a jamais eu 4,000 hommes, restes de 52 bataillons différents... C'était le chant du cygne. » (MARMONT.)

Citations du tome IXe :

Infanterie. — Au roi Joseph. Instructions pour organiser des troupes à Paris : « Je vous répète qu'il vaut mieux avoir de petits bataillons, afin de pouvoir utiliser tous les cadres. J'ai ici, à l'armée, de très-petits bataillons, qui me rendent tous les jours ce que me rendraient des bataillons plus nombreux. *C'est bien assez, en général, que* 140 *hommes par compagnie ;* si ce sont des conscrits, c'est deux fois trop. »

Défense des villes ouvertes. — Au maréchal Davout. Instructions à donner aux généraux commandant les armées et les corps d'observation (1er mai 1815) : « Il sera nécessaire que les généraux en chef fassent connaître par des circulaires aux villes de leur commandement, que sera réputée lâche et traître envers la patrie toute ville qui ne se défendrait pas contre des troupes légères, qui obéirait à des réquisitions ou se soumettrait à des sommations que l'ennemi n'aurait pas appuyées par des forces supérieures en infanterie. » Aujourd'hui, avec les canons bombardant les villes à plusieurs kilomètres de distance, l'Empereur modifierait probablement ces instructions.

X

Le tome X^e et dernier n'a que 395 pages, dont 73 de correspondance, et le reste d'extraits des *Œuvres de Napoléon Ier à Sainte-Hélène.* Il s'étend, pour la première partie, du 25 mai au 21 juin 1815. Les deux pièces les plus remarquables de cette partie sont : l'ordre du jour du 13 juin, indiquant les positions de l'armée pour le 14, — véritable modèle du genre, — et le bulletin de l'armée racontant les batailles de Ligny et Mont-Saint-Jean.

Il est dit dans ce bulletin : « Dans la matinée du 17, l'Empereur s'est rendu aux Quatre-Bras, d'où il a marché pour attaquer l'armée anglaise ; il l'a poussée jusqu'à l'entrée de la forêt de Soigne, avec l'aile gauche et la réserve. L'aile droite s'est portée, par Sombreffe, à la suite du feld-maréchal Blücher, qui se dirigeait sur Wavre, où il paraissait vouloir se placer. A dix heures du soir..... » Et voilà toute la journée du 17, d'après le bulletin officiel.

On sait que les critiques n'ont pas été épargnées à Napoléon pour la manière dont il employa son temps pendant cette journée. Celle de Jomini, très-juste au fond et mesurée dans la forme, doit trouver ici sa place :

« Le 17, au matin, l'Empereur donna ses soins à l'administration, fit la revue des troupes et du champ de bataille..... Pour ceux qui se rappellent l'étonnante activité qui présida aux événements de Ratisbonne en 1809, de Dresde en 1813, de Champaubert et de Montmirail en 1814, ce nouveau temps perdu sera toujours une chose inexplicable de la part de Napoléon. Après un succès comme celui qu'il venait de remporter, il semble qu'il aurait dû, dès six heures du matin, se mettre aux trousses des Prussiens, ou bien tomber de toutes ses forces sur Wellington, dont la réserve de cavalerie, l'artillerie et partie de l'infanterie n'étaient arrivées que dans la nuit harassées de fatigue. La nécessité de ne pas laisser la ligne de retraite de Charleroi à la merci du général anglais faisait une loi de se porter de préférence contre lui. »

Citations du tome Xe :

Organisation. — Au maréchal Davout. Opinion de l'Empereur sur les petits corps de troupe : « Mon cousin, je reçois votre lettre relative à la formation d'une compagnie de flanqueurs à Mâcon. Cette compagnie est composée de jeunes gens qui vont être de la conscription ; *il serait plus convenable de les incorporer dans un régiment de ligne, s'ils veulent être payés*. Si, au contraire, ils demandent à ne pas être payés, il faut qu'ils entrent dans les partisans et dans les bataillons de gardes nationales d'élite. *Mais il faut prendre garde de tarir la source des enrôlements volontaires par la formation de petits corps qui coûteront beaucoup au Trésor et qui ne seront d'aucune utilité.* » Sages paroles auxquelles les événements de 1870 ont donné une pleine et entière confirmation.

Fortification. — Note pour la défense de Paris : « J'ai toujours vu le génie, dans le tracé des ouvrages de campagne, faire ses plates-formes de manière que l'ingénieur désigne par là les emplacements pour le canon. C'est une fausse mesure d'envisager ainsi l'armement ; *il faut que l'on puisse mettre du canon autant que l'ouvrage peut en contenir, d'après le principe que l'on se bat à coups de canon comme on se bat à coups de poing.* Je voudrais donc que les ouvrages de campagne eussent une batterie continue, de manière à pouvoir mettre sur une face douze à quinze pièces de canon. » Le canon, toujours le canon.

Tactique. — « Opérer par des directions éloignées entre elles et sans communications est une faute qui, ordinairement, en fait commettre une seconde. La colonne détachée n'a des ordres que pour le premier jour ; ses opérations pour le second jour dépendent de ce qui est arrivé à la principale colonne : ou elle perd du temps pour attendre des ordres, ou elle agit au hasard..... Il est donc de principe qu'une armée doit toujours tenir toutes ses colonnes réunies, de manière que l'ennemi ne puisse pas s'introduire entre elles. Lorsque, par des raisons quelconques, on s'écarte de ce principe, il faut que les corps détachés soient indépendants dans leurs opérations, et se dirigent, pour se réunir, sur un point fixe vers lequel ils marchent sans hésiter et sans de nouveaux ordres, afin qu'ils soient moins exposés à être attaqués isolément. »

« Une armée doit être tous les jours, toutes les nuits et toutes les heures prête à opposer toute la résistance dont elle est capable, ce qui exige que les soldats aient constamment leurs armes et leurs munitions, que l'infanterie ait constamment avec elle son artillerie, sa cavalerie, ses généraux ; que les diverses divisions de l'armée soient constamment en mesure de se soutenir, de s'appuyer et de se protéger ; que, dans les camps, dans les haltes et dans les marches, les troupes soient toujours dans des dispositions avantageuses, qui aient les qualités exigées pour tout champ de bataille, savoir : 1º que les flancs soient appuyés; 2º que toutes armes de jet puissent être mises en jeu dans les positions qui leur sont le plus avantageuses. Pour satisfaire à ces conditions, lorsqu'on est en colonne de marche, il faut avoir des avant-gardes et des flanqueurs qui éclairent en avant, à droite et à gauche, assez loin pour que le corps principal puisse se déployer et prendre position. »

Que de fois, en 1870, l'ombre du grand capitaine a dû souffrir de voir tous ces principes, clairs et judicieux, formulés à Sainte-Hélène, tomber dans un complet oubli ! « *L'art de la guerre,* — disait-il un jour, — *est un art simple et tout d'exécution; il n'y a rien de vague, tout y est bon sens, rien n'y est idéologie.* »

Lorsque la commission chargée par l'empereur Napoléon III de recueillir la correspondance de Napoléon Ier présenta son rapport, elle dit qu'afin de rendre ses recherches aussi complètes que possible, elle avait fait cataloguer et dépouiller plus de dix mille ouvrages publiés sur Napoléon ou sur les événements de son règne ; soit environ dix mille portraits du héros, et il y a vingt ans que le rapport a été présenté.

Il y a vingt ans, tout, absolument tout, avait déjà été dit, au moins une fois, sur le compte de l'Empereur ; il faut donc admirer les écrivains qui ramassent encore, dans tous les coins des mémoires du temps, les sottises à l'adresse du grand homme, pour en composer de prétendues nouvelles histoires, dont l'aberration des idées de leurs contemporains fait seule le succès.

Nous n'essayerons pas, bien entendu, d'esquisser un dix mille et unième portrait. Nous nous contenterons, pour finir, d'emprunter aux *Souvenirs* du général Berthezène le trait suivant :

« Pendant son séjour à Dresde, Napoléon avait écrit une nuit, de son cabinet particulier, au ministre des finances, une lettre fort étendue et fort détaillée, sur un objet assez important pour exiger la réunion de la section des finances du Conseil d'Etat. On s'occupait encore, au ministère, du contenu de cette lettre, lorsqu'un courrier en apporta une autre, destinée à donner de nouveaux développements, à résoudre les objections, etc. Le baron Louis, qui plus tard a été ministre des finances, étonné que l'Empereur possédât si profondément ces matières et pût s'y appliquer au milieu des travaux de la guerre et de la politique, eut la curiosité de savoir si les autres ministères n'avaient point reçu, en même temps, des ordres ou des instructions, et il se trouva que cette même nuit il avait été expédié, du cabinet impérial aux différents ministères, *dix-sept lettres*, traitant toutes, avec le plus grand détail et la plus grande lucidité, divers objets de la plus haute importance. »

Et le général Berthezène ajoute : « Malgré ses erreurs et ses fautes, je dirai, en me servant des expressions d'un illustre maréchal, qui n'a jamais été son adorateur, mais qui était bien fait pour l'apprécier (Gouvion Saint-Cyr), que de vingt siècles, peut-être, la nature ne produira pas d'homme qui lui soit comparable. »

Paris. — Imprimerie de J. Dumaine, rue Christine, 2.

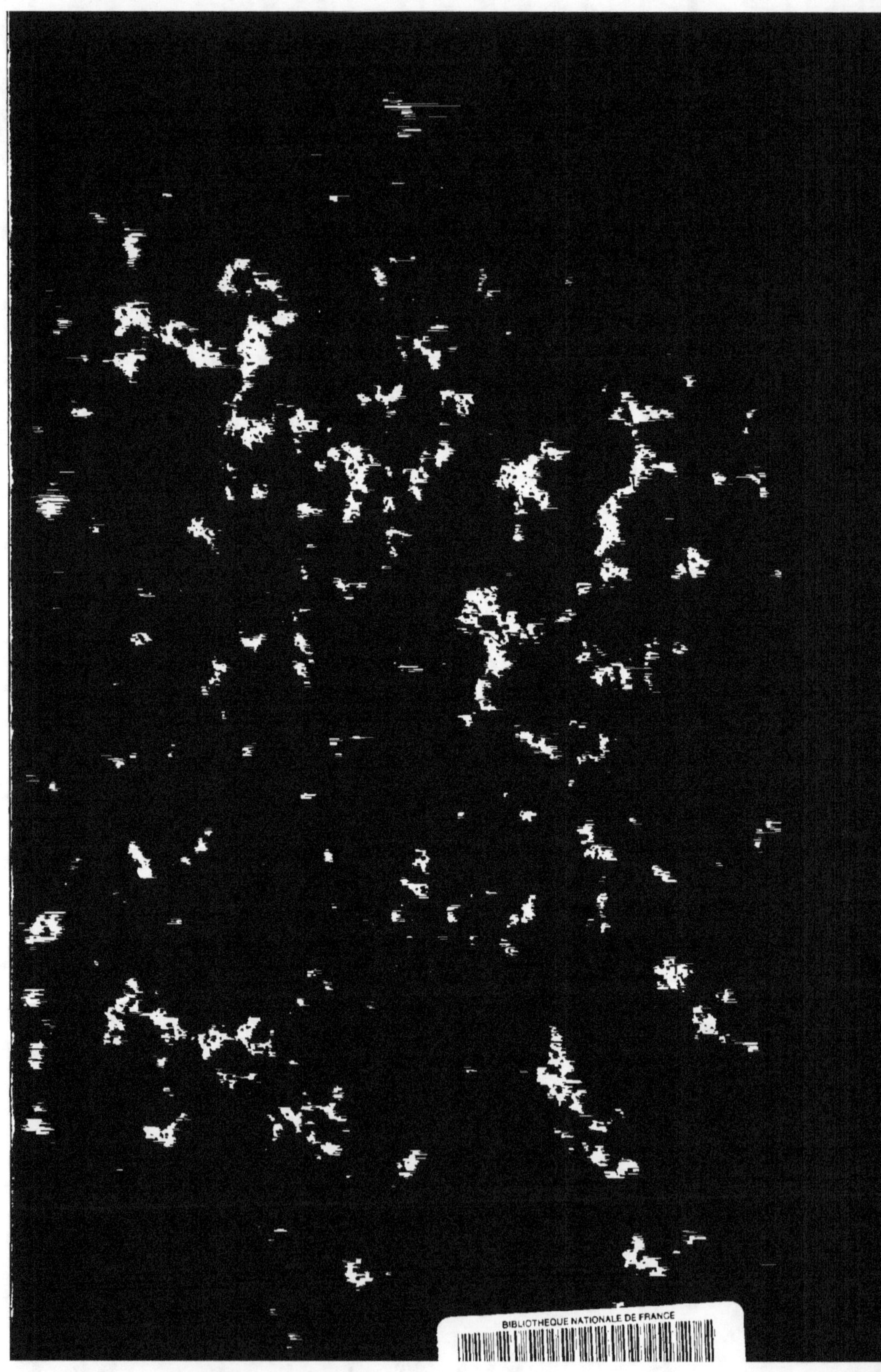

www.ingramcontent.com/pod-product-compliance
Lightning Source LLC
Chambersburg PA
CBHW051725050726
47598CB00003B/1048